図解 90分でわかる！
はじめての相続

相続コーディネート実務士
夢相続 **曽根恵子** 著

監修協力
丸山純平（弁護士／鳥飼総合法律事務所）
グリーン司法書士法人（代表司法書士 山田愼一）

家族を幸せにする"**不動産**""**遺言書**"の相続術

クロスメディア・パブリッシング

> はじめに

家族を幸せにする "不動産" "遺言書" の相続術

お手本にしたい！　樹木希林さんの「賢い」相続

2018年9月にお亡くなりになった女優、樹木希林さんの「相続術」が注目されました。

「女性セブン」「週刊現代」という週刊誌が特集を組み、それに私も取材協力をしました。(「女性セブン」のときは、金曜日に記者から電話があり、日曜日に取材、翌週の記事にしたいという急ぎのスケジュール)。

そうして記事になったのが、「さすが！　家族を幸せにする樹木希林さんの相続術」という、右の内容です（僭越ながら、マーカー箇所が、私のコメントです）。

記事を作る際に知ったのは、希林さんは都内に8つの不動産を所有し、その渡し方は遺言書を残すことで子どもたちへの負担を減らそうとされていたことでした。

希林さんの相続術はとても賢かったと思います。相続のプロからすると、以下のような内容になります。

- 娘婿を養子にしていた
  →相続人がひとり増えると相続税の基礎控除も増え、税率の違いで相続税の節税にもなる。
  ひとりで親の財産をかかえるよりも2人で分けたほうが支えやすくなる。
- 財産の大部分を不動産にしていた
  →相続評価は半分以下となり、特例を使えるメリットが作れる。
- 自宅は子ども世帯と同居
  →小規模宅地等の特例が使える。
- もとの住まいは賃貸
  →賃貸することで不動産の評価が下がり、特例を使えるようにもなる。また、安定した家賃

収入が入るようになり、将来の不安が減らせる。

● **不動産を孫に贈与していた**

→早めに財産を渡すことで節税になる。

● **公正証書遺言を作成して財産は子どもに**

→財産の渡し方を決めておくことで手続きが早くでき、揉めごとを回避できた。

　希林さんの財産は10億円以上と言われていて、一般家庭からはかけ離れていますが、相続術に関しては、どなたにも参考になるもので、お手本にできる内容です。まさに、相続の上級者でしょう。

　（夫であった内田裕也さんや、本木さん、也哉子さんご夫婦との遺産分配については、"本当"賢かったと言えます。これはまたの機会に……）。

はじめての相続。上級者のようにできるには

　2018年7月に相続に関する民法の改正が施行されました。

　相続に関する民法の改正については、総務省のホームページ（www.moj.go.jp/MINJI/minji07_00222.html）などで紹介されていますが、やはり、一般の方にはすぐには理解できないと思います。

　それもあり、私は、いろいろなテレビ番組や雑誌で、民法の改正に関わる解説や事例をお話しさせていただいています。

　相続というのは、いままではなんとなく話題にしにくく、秘密裏に進めていくもののようなイメージがありました。家族間でもあまりオープンにされてこなかったために、いざ相続になってしまってから家族の争いになったり、相続税の負担が多かったりして、苦労したり、後悔される方が多かったのです。

　今回の民法改正を契機に、また樹木希林さんのような有名人の相続が紹介されたりすることで、相続に意識が向くことを願っております。意識すれば、相続の情報はいろいろな方法で入手できます。

　加えて、本書の目的は、ご家族がコミュニケーションを取り、気持ちや情報をオープンにしながら、相続対策をしていただくことです。

　そのため、相続の入り口となる「相続プランの基礎シート」で全体像をイメージでき、カウンセリングで「感情面」「経済面」の課題に気づけるようにしています。

　また、「相続プラン」の内容や事例をご紹介していますので、これから相続に取り組む方に向けての参考になるはずです。

相続の基礎知識も確認できるようになっていますので、必要な知識も身につきます。

図解でわかりやすい相続の基本書

　本書は2017年8月に出版した『図解　相続は生前の不動産対策で考えよう』をベースとして、相続の基本書として構成し直した内容としています。図解の部分や事例はそのまま活用しつつ、序章・1章に「相続の基礎知識」と、2018年に改正された相続に関する民法の改正に対応する内容を盛り込みました。

　相続の基礎知識を確認しながら、具体的な「相続プラン」に取り組める参考書としてご活用いただければと祈念いたします。

　家族"円満"の相続のために。

　そのためには知識が必要です。その助けとなるよう本書を上梓しました。もし、この本だけで事足りないなら、いつでも「相続相談」や「相続プラン」のパートナーとしてお手伝いいたしますので、無料相談をご利用ください。心よりお待ちしております。

　　2019年4月

　　　　　　　　　　　　　　　　　　（株）夢相続　相続実務士　曽　根　惠　子

はじめに

家族を幸せにする
"不動産""遺言書"の相続術 2

序章

40年ぶりの民法改正（相続関係）
８つのポイント！

序章-1 相続関係民法改正のポイントは８つ！ 12

序章-2 配偶者居住権、配偶者短期居住権が新設 14
夫が亡くなったあとも自宅に住み続けられる

序章-3 特別受益の持戻し免除の意思表示の推定 16
配偶者は生前贈与か遺贈により自宅を含めず財産を多く受け取れる

序章-4 預貯金の仮払い制度 17
口座が凍結されても仮払いできて困らない

序章-5 自筆証書遺言の方式の緩和　法務局での保管制度の創設 18
自筆の遺言書が作りやすくなり、保管もしてもらえて安心できる

序章-6 遺留分制度の見直し 20
「遺留分減殺請求」から「遺留分侵害額請求」に変わる
不動産の共有をなくし現金支払いに限定した

序章-7 相続の効力等に関する見直し 21
権利の登記や登録の手続きをしておかないと対抗できない

序章-8 相続人以外の者の貢献を考慮　「特別寄与料」が請求できるように ... 22
介護をした人の貢献が認められるようになる

1章 これだけは知っておきたい相続の基礎知識

1章-1 相続手続きのスケジュールを知りましょう 26
いろいろな手続き、期限がある

1章-2 相続人は誰でしょう？ 28
法定相続人の範囲と順位がある

1章-3 遺言書の基本を知りましょう 30
遺言書は優先される
遺留分にも注意

1章-4 財産の分け方を知りましょう 32
法定相続分がある
遺産分割の3つの方法

1章-5 相続財産・非課税財産・債務を知りましょう 34
プラス財産とマイナス財産のすべてが財産となる

1章-6 相続財産の評価を知りましょう① 36
それぞれの財産の評価の仕方
路線価図の見方

1章-7 相続財産の評価を知りましょう② 38
貸宅地・借地権・定期借地権・貸家建付地

1章-8 相続財産の評価を知りましょう③ 40
金融資産の評価
小規模宅地等の特例と要件

1章-9 贈与の仕方と違いを知りましょう 42
暦年贈与や特例が効果的
相続時精算課税制度は生前相続

1章-10 相続税の計算と相続税額の出し方を知りましょう 44
相続税は5つのステップに分けて計算する

2章 「相続プラン」を作って相続を用意する

2章-1 相続の課題を知ることで対策の内容が変わる ……………… 48
【経済面】財産・申告・納税・生前対策
【感情面】相続人・遺産分割

2章-2 相続税の申告が必要か、不要か確認しよう ……………… 52
相続人と財産を確認・相続税がかかるか否か、知るところから

2章-3 「相続プラン」をつくって用意する① ……………… 56
生前対策に取り組む順序

2章-4 「相続プラン」をつくって用意する② ……………… 58
Ⅰ 事前準備 相続人の確認、状況の確認・把握
Ⅱ 事前準備 財産の確認、現地調査、評価、課題整理

2章-5 「相続プラン」をつくって用意する③ ……………… 60
Ⅲ 感情面の対策 分けられる財産に
Ⅳ 感情面の対策 遺産分割を決めて遺言書を

2章-6 「相続プラン」をつくって用意する④ ……………… 62
Ⅴ 経済面の対策 分割金、納税資金を確保
Ⅵ 経済面の対策 積極的な節税対策を

3章 感情面の対策のポイント

3章-1 オープン＆コミュニケーション ……………… 66
家族問題を解決する

3章-2 もめない対策「遺言書」と「民事信託」 ……………… 68
"配慮ある遺言書"をつくりたい

3章-3 成年後見人よりも民事信託 ……………… 70
相続対策するなら民事信託で

4章 経済面の対策のポイント

4章-1 財産を減らすこと＋評価を下げること① ……………… 78
評価の仕方が違う

4章-2 財産を減らすこと＋評価を下げること② ……………… 80
相続税の算出方法を知っておこう

4章-3 財産を減らすこと＋評価を下げること③ ……………… 82
相続税の節税イメージを知っておく

4章-4 相続税を節税できる６つの対策① ……………………… 86
Ａ.贈与　生前に配偶者や子どもに不動産を渡す

4章-5 相続税を節税できる６つの対策② ……………………… 88
Ｂ.建物　現金を建物代金に充てる
Ｃ.購入　現金で不動産を購入

4章-6 相続税を節税できる６つの対策③ ……………………… 90
Ｄ.資産組替　不動産を売却、買替える
Ｅ.土地活用　賃貸住宅を建てる

4章-7 相続税を節税できる６つの対策④ ……………………… 92
Ｆ.法人設立　現金増を回避する

4章-8 不動産対策は収益ありき① ………………………………… 96
不動産が持ち出しでは負担になる

4章-9 不動産対策は収益ありき② ………………………………… 98
賃貸事業は収支バランスを考える

5章 相続になってからでも 節税のチャンスは残されている

5章-1 相続後も節税できる① …………………………………… 104
「評価を下げる」＋「納税を減らす」の組み合わせ

5章-2 相続後も節税できる② …………………………………… 106
遺産分割の仕方で変わる
特例が使えると違う

5章-3 相続後も節税できる③ …………………………………… 108
評価・申告の仕方で変わる
徹底的に節税評価をする

5章-4 相続後も節税できる④ …………………………………… 111
納税のときも節税できる
余分な税金を払わない

6章

相続対策実践編
実例を知ってイメージを作る

6章-1 子どもがいない夫婦は遺言書が必要 ················· 114
相続人は互いの兄弟姉妹になる

6章-2 海外の息子よりも世話をしてくれる長女に託したい ··· 116
妹は兄に勝てないという力関係を遺言書でカバー

6章-3 信託契約をしておくと認知症でも対策できる ········· 118
後見人をつけると節税対策できない

6章-4 長期的な対策には信託契約で対応できる賃貸事業運営者 120
相続も賃貸事業も民事信託で万全に

6章-5 空家は売却。現金で持つより賃貸不動産に ··········· 122
相続税1,721万円節税

6章-6 財産それぞれにできる対策を検討する ··············· 126
保険・贈与・売却・購入　相続税2億8,434万円節税

6章-7 畑を売却して事業ビル2棟を購入、資産価値をアップ 130
固定資産持ち出しから収益3,220万円　相続税2億4,400万円節税

6章-8 古いアパートを売って区分マンションを購入 ········· 134
収益は倍になり資産価値も増　相続税1,289万円節税

6章-9 古いアパートを残すより生前に建替えておく ········· 138
節税できて収益もアップ　相続税2,150万円節税

6章-10 駐車場は賃貸マンションを建てて収益を増やす ······· 142
収益は6倍になり、法人設立して分散　相続税2億4,658万円節税

おわりに

相続の不安や悩みは早めに解決。「相続プラン」を作りましょう！ ········· 146

column

円満な介護、遺産分割のために用意したいこと ················· 23
「介護ノート」をつけて家族で共有、遺言書でも決めておきたい

もめると悲惨。絶縁になる① 相続の悩み"トップ"は遺産分割のもめごと 72

もめると悲惨。絶縁になる② 裁判してもメリットはない ··············· 74

相続で財産が減ってしまう① 1億円残しても相続税がかかると、目減りしていく 84

相続で財産が減ってしまう② 土地は建物を建てないと評価は下がらない 94

相続で財産が減ってしまう③ 賃貸事業は満室経営が理想 ··············· 100

序章

40年ぶりの民法改正（相続関係）

8つのポイント！

序章 -1

相続関係民法改正の
ポイントは8つ！

40年ぶりに相続関係の民法が改正された

　親が亡くなるなど、相続が発生したときの効力を定める「相続法」が約40年ぶりに大きく変わり、改正法の多くが2019年7月1日から施行されることが決まっています。

　正しく理解していないと、相続トラブルの原因となったり、詳細を知らないと、相続で損をすることもあるため注意が必要です。

　改正された6つの分野と、知っておきたいポイントをご紹介します。

改正法の概略

① 配偶者の居住権を保護するための方策

配偶者居住権の新設（2020年4月1日施行）

👉 **ポイント①**

居住建物について柔軟な遺産分割を行えるようになりました。また、配偶者相続人がこの権利を取得することで、生涯無償で居住建物に住むことができるので、老後も安心して暮らすことができます。

配偶者短期居住権の新設（2020年4月1日施行）

配偶者相続人は相続開始から少なくとも6カ月間は無償で居住建物に住むことができ、その間、居住権が保護されます。

② 遺産分割等に関する見直し

特別受益の持戻し免除の意思表示の推定（2019年7月1日施行）

👉 **ポイント②**

長年連れ添った夫婦間で、居住用不動産の生前贈与等を行っても、相続発生後に持戻し計算がされないため、居住用建物を確保しやすくなりました。

預貯金の仮払い制度の創設（2019年7月1日施行）

👉 **ポイント③**

相続発生により預金口座が凍結され、葬儀費用や介護費用の支払いに困ってしまうケースがありましたが、改正法により、遺産分割協議の成立前でも家庭裁判所の関与なく、一定額の預金引き出しができるようになりました。

改正法の概略

③ 遺言制度に関する見直し

自筆証書遺言の方式の緩和（2019年1月13日施行）

ポイント④

全文自署の要件が緩和され、遺言内容の一部をパソコン等で作成できるようになりました。これにより、字が上手く書けなかったり、多くの文字を書くことに大変な労力がかかる高齢者などでも、遺言書が作成しやすくなりました。

自筆証書遺言の保管制度の創設（2020年7月10日施行）

ポイント⑤

改正前は、自ら遺言書の保管をしなければならなかったので、焼失、盗難、紛失、変造等の様々なリスクがありましたが、本制度により、法務局で保管してもらえるようになったので、そのようなリスクを回避できるようになりました。

④ 遺留分制度の見直し

遺留分減殺請求の効力の見直し（2019年7月1日施行）

ポイント⑥

改正前は、遺留分減殺請求は現物返還が原則だったため、相続した不動産や株式などが共有状態となり、円滑な承継の障害になっていましたが、改正法により、遺留分侵害額に相当する金銭の支払いを請求することが原則とされたため、そのような問題が生じる可能性が少なくなりました。

遺留分の算定方法の見直し（2019年7月1日施行）

相続トラブルの争点になりやすかった遺留分の算定について、算定基準が明確になり、遺留分侵害額の予測がしやすくなりました。また、基準が明確になることで、生前贈与などが計画的に行えるようになります。

⑤ 相続の効力等に関する見直し

権利取得の対抗要件の見直し（2019年7月1日施行）

ポイント⑦

法定相続分を超える部分について、登記や登録などの手続きをしていなければ、第三者に権利を主張できないことになったので、相続開始後は、登記等の手続きを速やかに行った方がよいと言えます。

相続債権者の立場を明確化（2019年7月1日施行）

従来から判例の見解により、債権者は遺言や遺産分割協議で決められた相続の割合に縛られないとされていましたが、改正法により、そのような債権者の立場が明確になりました。

⑥ 相続人以外の貢献を考慮するための方策

相続人以外の者の貢献を考慮する規定の新設
（特別寄与料・2019年7月1日施行）

ポイント⑧

改正前は、相続人以外の者（例えば長男の妻）が療養看護などの貢献をいくら行っても、寄与分は認められませんでしたが、改正法により、相続人に対して、貢献に応じた金銭の支払いを請求することができるようになりました。

13

序章-2　ポイント①　【2020年4月1日施行】

配偶者居住権、配偶者短期居住権が新設
夫が亡くなったあとも自宅に住み続けられる

夫が亡くなると家を失う不安もあった

従来の相続法では、夫名義の不動産に長年住んでいた妻が、遺産分割協議等で不動産を取得できなければ居住の権利が保護されない可能性があり、以前から問題視されていました。

「配偶者居住権」により終身の間、居住が可能になる

新しく認められた権利は、配偶者相続人が亡くなった夫（妻）名義の居住建物の所有権を相続しない場合でも、配偶者居住権を取得すれば、終身の間その居住建物に住み続けられるという権利です。この配偶者居住権は、遺産分割協議、遺贈、審判などで認められる必要がありますが、不動産に関する権利として登記することもできます。ただし、配偶者居住権は売却、換金できないため将来を見すえた選択が必要です。

「配偶者短期居住権」により、一定期間居住が認められる

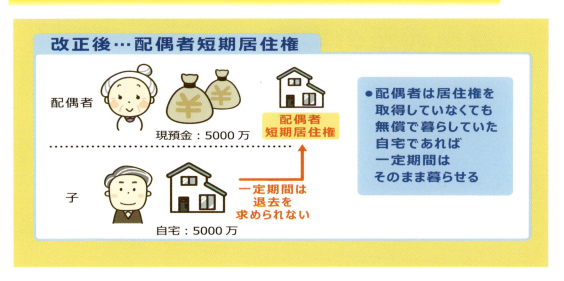

　生涯無償で居住できる「配偶者居住権」が仮に認められない場合でも、この「配偶者短期居住権」により、一定期間は居住している建物に無償で住むことができます。

　その一定期間とは、「遺産分割により居住建物の帰属が確定した日」または「相続開始時から6カ月を経過する日」のいずれか遅い日となっています。

　これにより、少なくとも相続開始時から6カ月間は配偶者相続人の居住権が保護されることになりました。

序章-3 ポイント② 特別受益の持戻し免除の意思表示の推定

【2019年7月1日施行】

配偶者は生前贈与か遺贈により自宅を含めず財産を多く受け取れる

持戻し免除の意思表示を推定し配偶者を保護

①婚姻期間が20年以上である夫婦の一方が、他方に対し、
②居住用の建物やその敷地を遺言書で贈与（遺贈）した場合には、
③持戻し免除の意思表示があったものと推定される

　これらの要件を満たせば、長年連れ添った夫婦間で居住用不動産を贈与した場合や遺言で贈与の意思表示をした場合は、持戻し計算を免除されることになり、結果として、配偶者に有利な遺産の承継が実現可能になりました。

序章-4　ポイント③　【2019年7月1日施行】

預貯金の仮払い制度

口座が凍結されても仮払いできて困らない

口座が凍結されると支払いに困る

　預貯金口座は名義人が亡くなると、凍結されて葬儀費用や病院・施設代金などの支払いに被相続人の預貯金が使用できず、残された家族が支払いに困るケースがあります。

　仲のいい家族であればすみやかに遺産分割協議を行い、預貯金口座の凍結を解除することもできますが、相続トラブルになっており、協議がまとまらない場合は預金の引き出しに数年かかることもありました。改正前の「預貯金凍結問題」のイメージは右図のとおりです。

仮払い制度により、遺産分割協議前でも預貯金の引き出しが可能に

　改正相続法では、遺産分割の成立前であっても家庭裁判所の関与なく、単独で一定額の預貯金の引き出しができるようになりました。

　右の事例をもとに【預貯金の仮払い制度】を確認しましょう。

　各相続人が引き出せる「一定額」は以下のとおり計算します。

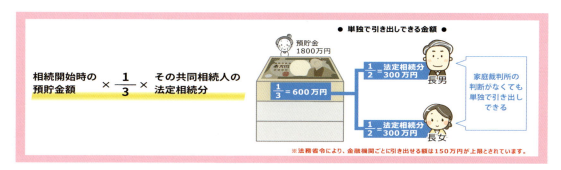

序章-5 ポイント④⑤

【2019年1月13日施行】【保管制度2020年7月10日施行】

自筆証書遺言の方式の緩和
法務局での保管制度の創設

自筆の遺言書が作りやすくなり、
保管もしてもらえて安心できる

自筆証書遺言は作りにくくトラブルもあった

　自筆証書遺言は、自分でいつでも作成できるため最も作成しやすい遺言と言えますが、従来の相続法では「全文の自署」が要件とされていました。

　しかし、遺言作成する人が高齢の場合や病床に臥している場合は、たくさん文字を書く行為に大変な労力がかかるため、この要件が自筆証書遺言作成の大きなハードルとなっていました。

　また、字がうまく書けておらず文字が判別できないなど、遺言書の効力についてトラブルの原因となることも少なくありませんでした。

財産の目録（遺産の明細）が作りやすくなった

　財産目録（遺産の明細）について、具体的に以下の方法が認められることになりました。

・遺言書本文　⇒　自署が必要　　・財産目録　⇒　自署しなくてOK

①パソコンで遺産の明細書を作成　　②不動産の登記事項証明書を添付

③預貯金の通帳口座のコピーを添付

　ただし、これらの財産目録には、遺言者が署名押印する必要があります。

　これらの作成方法のイメージは、右のとおりです。

自筆証書遺言の方式の緩和 ⟶ 一部自署じゃなくても OK に！

遺言書 自署が必要	財産目録 自署じゃなくてもOK	預貯金の口座 通帳のコピーでOK
遺言書 別紙一の不動産を長女に相続させる。別紙二の預金を妻に相続させる。 2019年3月9日 嵯山 太郎 ㊞	別紙一 所在 中央区花山町三丁目 地番 1-1 地目 宅地 地積 95 平方メートル 嵯山 太郎 ㊞	別紙二 嵯山 太郎 ㊞

自署による署名と捺印は必須！

法務局で遺言書を保管してもらえる制度がスタート

　従来の相続法によると「自筆証書遺言」は自ら保管しなければならないため、災害や不注意により滅失・紛失したり、隠匿や改ざんされる恐れもありましたが、今回の改正相続法により、自筆証書遺言を法務局で保管してもらうことで、そのようなリスクを回避することが可能になりました。

　また、法務局で保管している遺言については、偽造、変造等のリスクがないため、家庭裁判所での遺言検認の手続きが不要になりました。この保管制度を利用した自筆証書遺言は、家庭裁判所での検認手続が不要になることも大きなメリットです。

　検認手続とは、遺言の内容等を相続人に知らせ、家庭裁判所で遺言書等の形状を確認して偽造、変造などを防止するために行われるものですが、保管制度を利用した場合は、この検認手続を省略することができます。

　検認手続は、申立書と必要書類を合わせて家庭裁判所に提出しなければならないなど、煩雑な作業が必要で、また、手続きには数カ月の期間がかかります。

法務局で自筆証書遺言を保管してもらうメリット
- ☑ 紛失や盗難を未然に防ぐ
- ☑ 偽造や変造を回避
- ☑ 検認が不要になる

序章-6 ポイント⑥

【2019年7月1日施行】

遺留分制度の見直し

「遺留分減殺請求」から「遺留分侵害額請求」に変わる
不動産の共有をなくし現金支払いに限定した

「遺留分減殺請求」から「遺留分侵害額請求」へ

　従来の相続法では、相続人が被相続人から生前に受けた贈与などの特別受益については、何十年前のものでも遺留分額の算定に含め計算されていましたが、改正相続法では、「相続開始前10年間にしたものに限る」取扱いに変更されました。

　遺留分について相続トラブルや裁判になる場合、過去に行われた贈与（特別受益）を遺留分の算定にどこまで含めるかが争点になることが多かったため、10年で区切ることで請求できる（される）額が予測でき、かつ明確になったことで早期解決の一因になると考えられています。

　相続人が自身の遺留分を侵害されたときに、遺留分の権利行使することを「遺留分減殺請求」といい、従来の相続法では、この権利行使は目的物の返還請求とされていたため、権利行使されると遺留分権利者と受遺者で目的物が共有状態となり、さまざまな問題が生じていました。

　例えば、事業承継のために会社で必要な不動産と株式を後継者に相続させるような場合に、そうした不動産や株式が他の相続人と共有状態となれば、事業承継を円滑に行うことができません。

　そこで改正相続法では、遺留分権利者が行使できるのは、受遺者（受贈者）に対する金銭の支払請求としたため、目的物が共有になるという問題は生じなくなりました。

　請求権の内容に合わせて呼称も「遺留分減殺請求」から「遺留分侵害額請求」へ変更されました。

○相続人は子どもが1人　○遺産はマンションのみ　○Aさんは相続人以外の第三者
○遺言に「マンションをAに遺贈する」と書かれていた

序章-7 ポイント⑦

【2019年7月1日施行】

相続の効力等に関する見直し

権利の登記や登録の手続きをしておかないと対抗できない

登記等の対抗要件が必要に

改正相続法では、法定相続分を超える権利を相続した者は、取得に至った原因（遺言、遺産分割協議など）に関わらず、法定相続分を超える部分について第三者に対抗（権利を主張）するには、登記や登録などの手続きをしていなければならないということになりました。

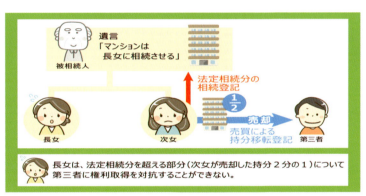

相続債権者の立場を明確に

債権者は遺言や遺産分割協議で決められた相続の割合に縛られないとされていましたが、改正相続法では、そのような見解を明文化するべく、「相続分の指定がされた場合の債権者の立場について」以下の規定が設けられました。

①債権者は指定された相続分に縛られることなく、各相続人に法定相続分に応じて請求できる

②ただし、その債権者が指定された相続分に応じた債務の承継を承認したときは、この限りではない

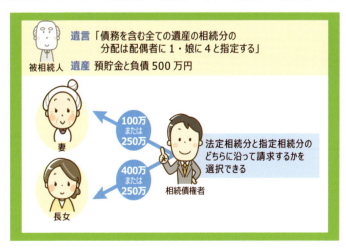

序章-8

ポイント⑧

【2019年7月1日施行】

相続人以外の者の貢献を考慮 「特別寄与料」が請求できるように

介護をした人の貢献が認められるようになる

相続人以外の者の貢献を反映

被相続人の相続人以外の親族が、無償で療養看護等をしたことにより、被相続人の財産の維持又は増加があった場合、相続人に対して「特別寄与料」として金銭の支払いを請求できるようになりました。

○相続人は息子が2人
○長男の妻が無償で介護をしていたため財産の維持に特別の寄与をしたといえる

資料・イラスト提供：グリーン司法書士法人

column

円満な介護、遺産分割のために用意したいこと

「介護ノート」をつけて家族で共有、遺言書でも決めておきたい

ルール作りをして介護の状況を共有しよう

　介護が始まるときには家族でルール作りや役割分担をしておきましょう。親の状態を知らせて情報共有し、協力体制をとることで良好なコミュニケーションがとれます。主たる目的は親の介護の報告や情報共有ですが、その記録が相続後の介護の貢献度の算定につながります。親が亡くなったあと、相続の話し合いが始まってから、「特別寄与料を請求する権利があるから」と言って提示したのでは、"本当に介護したのか？　財産が欲しいだけでは？"となりかねず、相続人に受け入れてもらえないことも想定されます。介護をしているときに親の様子を報告し、介護の内容も共有しておきましょう。

介護を受ける本人が決めて、遺言書に盛り込んでおく

　「介護の特別寄与料」が決まったものの、現実的な算定は、まずはご家庭によりさまざまな事情をくみ取って決めていくことになります。けれども相続人間では感情的なトラブルになることもあるかもしれません。理想を言えば、介護を受ける本人が寄与料を渡す人と金額を決めて遺言書に盛り込むことです。そうすれば本人の意思として実現でき、揉める要素もなく、円満です。

介護ノートをつけておく

　家族で情報を共有して保存しておくために「介護ノート」をつけることをお勧めします。将来の特別寄与料の算定のためには、介護の労力や費用などの記録が参考になるからです。

　どれぐらいの時間、どんな介護をしたのかを「介護ノート」に記録しておきましょう。通院のタクシー代、紙おむつ代など介護に要したレシートも取っておくと参考になります。スマホで簡単に記録したり、画像を保存したりできるアプリも開発されていますので、活用すると便利です。

相続のことにも配慮しておく

　介護が必要になるとご本人は財産の管理もできなくなります。身近な相続人が預金も管理することになりますが、財産の使い込みが問題になることもあり、揉めるケースも少なくありません。介護が始まる前に、親族で財産の状況を確認し、遺産分割などを想定した話し合いをしておくことが賢明です。

参考：「家族をつなぐ介護ノート」

1章

これだけは知っておきたい
相続の基礎知識

1章-1 相続の基礎知識①

相続手続きのスケジュールを知りましょう

いろいろな手続き、期限がある

相続にはいろいろな手続きが必要

人が亡くなることで相続は開始されます。財産の多い、少ないにかかわらず、残された家族は、誰もが必ず相続に直面することになるのです。通夜、葬儀が終わって、これで一段落だと思いたいところですが、相続する人は、相続開始の時から亡くなった人の財産に関する一切の権利義務を承継しますので、相続の手続きをしなければなりません。

まずは、相続人の確認や遺言書を残しているかどうかを確認します。次に、財産と借金の大まかな状況を確認して、相続するかしないかを決めます。相続の放棄や限定承認などを家庭裁判所に申し立てる期限は3カ月となっています。

亡くなった人に所得があれば、4カ月以内に準確定申告書を作成して、申告しなければなりません。亡くなった年の1月1日より亡くなった日までの所得に関する申告で、相続人が代わりに申告することになります。

さらに財産が基礎控除を超えるようであれば、亡くなってから10カ月目までには、相続税の申告をし、納税しなければなりません。遺言書がなければ、相続する人たちで話し合いをして財産の分け方を決めなくてはなりません。

このように、いろいろな手続きが必要になりますので、必要な手続きと期限を知っておきましょう。

申告・納税までのスケジュール

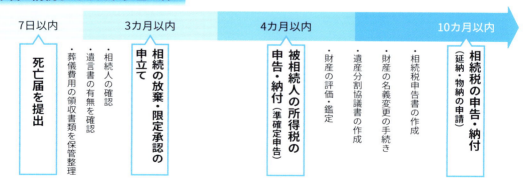

相続に関わる手続き一覧

手続きの種類	期限	手続先（窓口）	提出（必要）書類
死亡届	7日以内	死亡者の住所地の市町村役場	死亡診断書または死体検案書
遺言書の検認	相続開始後、遅滞なく	被相続人の住所地の家庭裁判所	遺言書原本、遺言者の戸籍謄本、相続人全員の戸籍謄本、受遺者の戸籍謄本または住民票抄本
相続の放棄	相続を知ってから3カ月以内	被相続人の住所地の家庭裁判所	相続放棄申述書、申述書および被相続人の戸籍謄本
所得税の申告・納付	4カ月以内	被相続人の住所地の税務署	確定申告書、死亡した者の所得税の確定申告書付表
相続税の申告・納付	10カ月以内	被相続人の住所地の税務署	相続税の申告書、その他
生命保険金の請求	なし（死亡後はいつでもできるが、2年または3年の消滅時効あり）	保険会社	生命保険金請求書、保険証券、最終の保険料領収書、受取人および被相続人の戸籍謄本、死亡診断書、受取人の印鑑証明書

基本的な順序

1 相続人を確認する
  亡くなった人の戸籍謄本を生まれた時から亡くなるまで取得します

2 遺言書有無を確認する

3 財産と借入の大まかな状況を把握する
  放棄するなら3カ月以内

4 所得があれば準確定申告をする
  所得を確認して4カ月以内に申告

5 財産を評価して遺産分割協議、相続税を申告する
  亡くなってから10カ月以内

6 財産分割・名義変更
  不動産、金融資産を分け名義変更する

相続の基礎知識②

相続人は誰でしょう？

法定相続人の範囲と順位がある

相続人の範囲と順位が定められている

民法では、相続人の範囲と順位について次のとおり定めています。ただし、相続を放棄した人や相続権を失った人は、初めから相続人でなかったものとされます。

法定相続人の組み合わせ

	配偶者と血族	配偶者	血族
第1順位がいる	配偶者と子 （または孫）		子のみ （または孫のみ）
第1順位がいない	配偶者と父母 （または祖父母）	配偶者のみ	父母のみ （または祖父母のみ）
第1、第2順位がいない	配偶者と兄弟姉妹 （または甥・姪）		兄弟姉妹のみ （または甥・姪のみ）

法定相続人の範囲

相続人	血族相続人	直系卑属（子や孫など） …… **第1順位**
		直系尊属（父や母など） …… **第2順位**
		傍系の血族（兄弟姉妹・甥姪など） …… 第3順位
	配偶者相続人	配偶者

相続順位

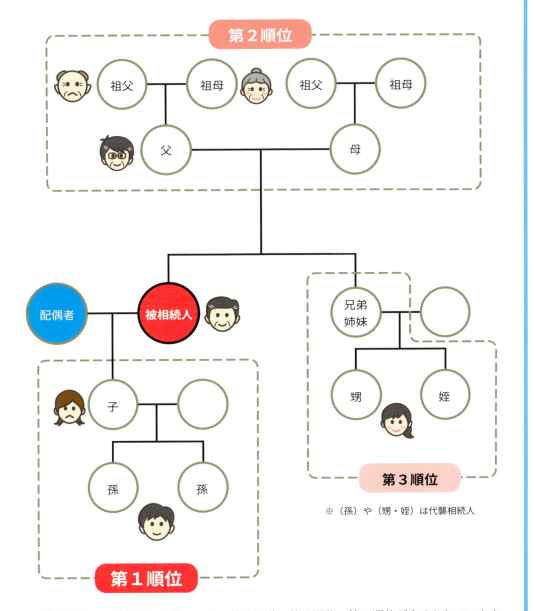

※（孫）や（甥・姪）は代襲相続人

- 法定相続人は配偶者と血族であり、第1順位、第2順位、第3順位が定められています。
- 第1順位は、子、孫です。
- 第2順位は、父母、祖父母です。
- 第3順位は、兄弟姉妹・甥姪です。

配偶者は、常に法定相続人です。

相続の基礎知識③

遺言書の基本を知りましょう

遺言書は優先される
遺留分にも注意

おもな遺言書は自筆証書と公正証書

遺言には、法的に大きく分けて「普通方式」と「特別方式」によるものがありますが、遺言書のほとんどは「普通方式」で、①自筆証書遺言、②公正証書遺言、③秘密証書遺言の3種類となります。

遺言（普通方式）の特徴

	自筆証書遺言	公正証書遺言	秘密証書遺言
作成者	本人	公証人	本人（代筆可）
書く場所	どこでもOK	公証役場	どこでもOK
証人・立会人	不要	2人以上	公証人1人、証人2人以上
ワープロ	不可（財産目録を除く）	可	可
日付	年月日まで記入	年月日まで記入	年月日まで記入（本文には記載しなくてもよい）
署名・押印	本人のみ必要	本人、証人、公証人	本人、証人、公証人 ※封書には本人、証人、公証人の署名、押印が必要 ※遺言書には本人の署名、押印が必要
押印用印鑑	実印・認印・拇印のいずれかで可	本人実印（印鑑証明書持参）、証人認印	本人が遺言書に押印した印鑑。証人は実印認印・どちらでも可
費用	かからない（あとで検認の費用がかかる）	作成手数料	公証人の手数料（あとで検認の費用がかかる）
封入	不要（封入しておいたほうがよい）	不要	必要
保管	本人	原本は公証人役場、正本は本人	本人
備考	秘密にできるが保管が難しく、死後に見つからないおそれがある	保管は安心だが、特に封をする必要がないため、内容を知られてしまうこともある	保管が確実で、秘密も守られるが、公証人は内容の確認はしていないため、内容に不備がある可能性もある

※自筆証書遺言には家庭裁判所の検認が必要です。ただし、2020年7月10日からは法務局に預けることで検認は不要です。

遺言書は優先される

遺言書があれば、その内容が優先されます。よって法定相続人ではない第三者に財産を遺贈する内容や一部の相続人に多く渡す内容であっても遺言書が有効となります。

遺言書で法的効力を持たせることができるのは、①相続について（相続分や分割方法、特別受益の免除、廃除および廃除の取り消し、遺留分減殺の方法、遺言執行者の指定など）、②身分について（遺言による認知、後見人の指定および後見監督人の指定など）、③遺産分割について（遺贈、寄付行為、生命保険金受取人指定、信託の設定など）の3つと決まっており、それ以外の内容については相続人の意思に任されます。

遺言を実現するのは遺言執行者

「遺言執行者」とは、遺言書に記載されている内容を実現させるために手続きをする人のことで、相続手続きが完了するまで財産を管理することになります。遺言執行者は相続人でもなることができます。遺言で指定されていない場合は、相続人が遺言執行者を選任するようにし、手続きをします。

「遺言執行者」は必ずしも必要ではありませんが、相続人の廃除やその取り消し、子の認知など身分に関わることは「遺言執行者」でないとできません。

法律で守られている相続分が遺留分となる

遺言書は法定相続分より効力があり、本人の意思により遺産分割の仕方を自由に決めることができます。相続人の法定相続分を基準にすることが望ましいところですが、そのようにできない実情もあります。法定相続分を度外視した分け方になると、遺族が生活に困るといったケースもでてきます。そこで、こうした事態を避けるために、相続人が最低限取得できるように法律で守られている相続分が「遺留分」です。遺言に不公平感がある場合は、遺留分が侵害されていないか確認します。

遺留分の割合と計算

法定相続人	配偶者	子	父母	遺留分の合計
配偶者だけ	$\frac{1}{2}$	—	—	$\frac{1}{2}$
子だけ	—	$\frac{1}{2}$ [※1]	—	$\frac{1}{2}$
配偶者と子	$\frac{1}{4}$	$\frac{1}{4}$	—	$\frac{1}{2}$
父母だけ	—	—	$\frac{1}{3}$ [※2]	$\frac{1}{3}$
配偶者と父母	$\frac{1}{3}$	—	$\frac{1}{6}$	$\frac{1}{2}$

※1 子が3人なら、1人当たり1/6 　※2 父母が健在なら、1人当たり1/6

遺留分を侵害されているときは減殺請求（侵害額請求）をする

遺留分が侵害されたとわかったときは、財産を多く取得した人に対し、書面にて財産の取り戻しを請求します。これを「遺留分の減殺請求」といいます。減殺の請求権は相続があることを知ってから1年以内、相続した日から10年を経過すると時効により消滅します。また遺留分を侵害をされていることを知らなかった場合は、それを知ってから1年が期限です。

仮に遺留分を侵害されていても請求しない場合はそのまま相続します。また、内容が不服であっても、遺留分を侵害されていないときは、請求できません。遺留分の減殺請求に、相手が応じない場合は、家庭裁判所に調停を申し立てることになります。

民法の改正により2019年7月1日より、「遺留分の減殺請求」は「遺留分の侵害額請求」に変わり、現金で支払うことになります。

1章 -4 相続の基礎知識④

財産の分け方を知りましょう

法定相続分がある遺産分割の３つの方法

納得いく遺産分割のために

遺言書があれば、亡くなった人の意思として優先します。遺言書がない場合や遺言があっても遺産分割の方法についての指定がない場合は、相続人全員で話し合い、納得のいく分割を決めるようにします。遺産の分配を「遺産分割」といい、その割合を「相続分」といいます。遺産分割は、必ずしも法定相続分どおりに分ける必要はなく、相続人全員が納得すればどういうふうに分けてもかまいません。

法定相続分が定められている

民法では、それぞれの取り分の目安となる「法定相続分」を定めています。法定相続分は配偶者がいるか、どの順位の法定相続人かによって、その割合が変わります。

①相続人が配偶者と子の場合　　　　　→　配偶者１／２　　子１／２

②相続人が配偶者及び被相続人の直系尊属の場合

　　　　　　　　　　　　　　　　→　配偶者２／３　　直系尊属１／３

③相続人が配偶者及び被相続人の兄弟姉妹の場合

　　　　　　　　　　　　　　　　→　配偶者３／４　　直系尊属１／４

代襲相続人がいる場合は、本来相続人になるべきであった人の相続分をそのまま受け継ぎます。子、直系尊属、兄弟姉妹が複数いる場合は、それぞれの相続分を頭割りにします。

遺産分割の具体的方法は現物分割・代償分割・換価分割

遺産を分割する具体的な方法としては次の３つがあります。

・現物分割……だれがどの財産をとるか決める方法で最も一般的。

・代償分割……ある相続人が法定相続分以上の財産を取得するかわりに他の相続人たちに自分の金銭を支払う方法。

・換価分割……相続財産を全て売却して、その代金を分割する方法。

以上の方法を組み合わせることも可能です。また、遺産の共有、すなわち遺産を相続人全員で共有するという選択肢もあります。

特別受益は相続の前渡しとして考える

相続人の中で、他の相続人より、生前に多めに金銭をもらっている（贈与）、または資金援助や財産の贈与を受けている場合、遺言により遺贈を受ける場合、これを「特別受益」といい、相続の前渡し（生前贈与）を受けたものとみなされます。この場合、特別受益を受けた相続人は、相続分から差し引いて、計算することにします。

貢献してきたことは寄与分になる

相続人の中で、仕送りを続けた場合、被相続人の事業を無報酬で手伝っていた場合、借金を肩代わりした場合、無償で被相続人の病気やけがの看病介護をした場合など、財産の維持又は増加につき特別の寄与をした場合、ほかの何もしていない相続人と同じ相続分では不公平といえるでしょう。そのため貢献に見合う分を「寄与分」としてプラスできます。

寄与分として認められるには、その貢献が家族としての扶養義務を超えることを他の相続人に示して、同意してもらわなくてはなりません。寄与分の算出は、簡単ではなく、明確に証拠や資料がなければ、他の相続人の同意を得られないこともあります。

協議が終われば遺産分割協議書を作成する

いろいろな状況を考慮し、話し合い、遺産分割の内容がまとまったときは、「遺産分割協議書」を作ります。この協議書は相続人全員が同意をしたという証拠になり、後の争いになることを回避します。そのために、実印を押印し、印鑑証明書を添付するのです。

遺産分割協議書の作り方には決まったルールはありません。①相続人全員が名を連ねること、②印鑑証明を受けた実印を押すことの2点が必須となります。未成年者や認知などで代理人を選任した場合は、代理人の実印、印鑑証明が必要になります。

1章-5 相続の基礎知識⑤

相続財産・非課税財産・債務を知りましょう

プラス財産とマイナス財産のすべてが財産となる

相続や遺贈によって取得するすべてが相続財産となる

相続税の課税対象となる財産は、被相続人が相続開始の時において所有していた土地、家屋、立木、事業（農業）用財産、有価証券、家庭用財産、貴金属、宝石、書画骨とう、電話加入権、預貯金、現金などの金銭に見積もることができるすべての財産をいいます。

◇プラス財産　……不動産（借地権も含む）・預貯金、現金・有価証券・特許権、著作権・貴金属、美術品など・自動車、船舶・家財道具　など

◇マイナス財産……借入金・買掛金・未払い金・損害賠償・連帯保証　など

財産の目録例

	財産種類	所 在	種 類	詳 細	およその時価	備 考
財産	土地	東京都××区○町×丁目○番地	宅地	200㎡	5,500万円	長男が同居　築10年　現在○○銀行の担保により売却不可
		岐阜県××市○町×丁目○番地	畑	800㎡	1,200万円	現在放置中　空き地
	家屋	東京都××区○町×丁目○番地	共同住宅	鉄骨地上3階建て340㎡	1,820万円	
	預貯金	○○銀行○○本店	定期預金	口座番号1234567	1,000万円	
		○○銀行○○本店	普通預金	口座番号9876543	300万円	
	生命保険	○○生命保険	死亡保険金		2,000万円	受取人は長女
	その他	自宅内	家財一式		50万円	
		自宅車庫内	自動車	○○	不明	3年使用

予想財産合計 1億1,870万円

	財産種類	所 在	種 類	詳 細	およその時価	備 考
債務	債務	○○銀行○○本店	借り入れ	事業用（共同住宅建築資金）	4,000万円	○年○月までに完済予定。担保物件は土地、建物
	葬儀費用				300万円	長男が立て替え中

債務合計 4,300万円

保険金や退職金はみなし相続財産となる

　死亡保険金や死亡退職金など、相続や遺贈によって取得したものとみなされるものも相続財産となります。

「みなし相続財産」として相続税のかかるもの

課税財産	みなし相続財産	死亡保険金……生命保険金、共済金
		死亡退職金……功労金なども含む
		生命保険契約に関する権利……被相続人が保険料を負担したもので、保険事故未発生分
		定期金に関する権利……郵便年金契約などの年金の受給権
		信託受託権……遺言による信託受益権
		贈与税の納税猶予の適用を受けた非上場株式、農地等
		その他……遺言による債務免除益など
	その他	相続時精算課税制度を選択した贈与財産

お墓や仏具は非課税財産になる

　保険金や死亡退職金、お墓や仏具など7種類の財産は非課税とされているほか、一定の金額を非課税とすることになっています。

課税対象から除かれる7種類の財産

非課税財産	墓地、墓石、神棚、仏壇、位牌など……ただし、商品や骨とう品、投資対象として所有しているものは除く
	生命保険金……500万円×法定相続人分
	死亡退職金……500万円×法定相続人分
	慶弔金……A．業務上の死亡……給料の3年分　B．その他の死亡……給料の6カ月分
	その他……公益法人への申告期限内の寄付金など
債務控除	債務……借入金、未払金など
	葬儀費用

葬儀費用とされるもの

- 埋葬、火葬その他に要した費用（仮葬儀と本葬儀を行う場合は双方の費用）
- 葬儀に際し施与した金品で、被相続人の職業、財産などから相当程度と認められるものに要した費用（お布施、読経料、戒名料など）
- その他、葬儀の前後に要した費用で、通常葬儀に伴うと認められたもの
- 遺体の捜索、または遺体もしくは遺骨の運搬に要した費用

葬儀費用とされないもの

- 香典返礼費用
- 墓碑および墓地の購入並びに墓地の借入料
- 初七日、四十九日の法要に要した費用
- 医学上または裁判上の特別の処置に要した費用

相続の基礎知識⑥

相続財産の評価を知りましょう①

それぞれの財産の評価の仕方
路線価図の見方

財産にはそれぞれ評価の仕方がある

相続財産の価額は、原則として、相続開始の時の「時価」で評価します。つまり、相続及び遺贈で取得した財産の評価は、それぞれの財産の現況に応じ、不特定多数の当事者間で自由な取引が行われる場合に通常成立すると認められる価額をいいます。評価方法は、

　　①収益還元価格　　　②再取得価格　　　③市場価格

の３つがあり、通達の定めによって評価した価額によります。

主な財産の評価方式

財産の種類	評価方式
宅地	①市街地（宅地）：**路線価方式**　　②郊外地（農地・山林・雑種地）：**倍率方式**
貸地	**宅地の価額 − 借地権の価額**
私道	①不特定多数の者が通行……**0**　　②その他……**通常評価額 × 0.3**
建物	①貸家：**固定資産税評価額 ×（1 − 借地権割合）** ②その他：**固定資産税評価額 × 1.0**
借地権	**宅地の価額 × 借地権の割合**
借家権	**家屋の価額 × 借家権の割合** （一般的に評価しない場合が多い）
預貯金	**預入残高 + 既経過利子**
上場株式・非上場株式	**３種類に分けて評価**
一般動産	**調達価額**
書画骨とう	**売買実例価額、精通者の意見価格など参酌**
電話加入権	**通常の取引価額**
ゴルフ会員権	**通常取引価額 × 0.7**

　市街地にある宅地は、その宅地が面している道路につけられた価格である「路線価」に宅地の面積を掛けた価格が評価額となります。

路線価図の見方

路線価図を見る場合は次のような点に注意します。

評価する土地の所在を確認する
どの道路に面しているかの位置確認

路線価格を見る
記されているのが1㎡当たりの路線価

借地権割合を確認する
路線価の次のアルファベットで割合が決められている

地区区分を確認する
7つの地区区分に分かれている

地区区分

記号	地区
（六角形）	ビル街地区
（楕円）	高度商業地区
（八角形）	繁華街地区
（円）	普通商業・併用住宅地区
（菱形）	中小工場地区
（長方形）	大工場地区
無印	普通住宅地区

適用範囲

記号	適用範囲
（白丸）	道路の両側全地域
（下半分斜線）	道路の北側全地域
（下半分黒）	道路沿い
（上半分黒）	北側の道路沿いと南側全域
（上半分斜線）	北側の道路沿いの地域

地区区分

記号	A	B	C	D	E	F	G
借地権割合	90%	80%	70%	60%	50%	40%	30%

※市街地にある宅地は「路線価方式」で評価される

・**公図で地形の確認をする**

　土地の評価は、奥行きや間口距離、あるいは地形でかなり違ってきます。正確な土地の評価を出すには、「実測図」を作成することが必要ですが、法務局で作成している「公図」で代用します。「公図」とは、登記された土地の位置や形状を記録したもので、法務局に申請すれば閲覧、コピーできます。

相続の基礎知識⑦

相続財産の評価を知りましょう②

貸宅地・借地権・定期借地権・貸家建付地

貸宅地は借地権を控除して評価する

他人に貸している土地は、借地人の権利があり、すぐに明け渡してもらうというわけにはいきません。そのため、通常の評価額より借地人の持っている借地権を控除して評価することになっています。

賃貸アパートやマンションの敷地は「貸家建付地」となり、通常の評価額より借地権割合と借家権割合を掛けた分を引くことになっています。

貸宅地・借地権・定期借地権・貸家建付地の評価方法

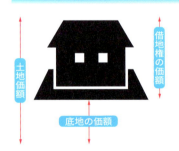

貸宅地の評価額
= 自用地の評価額 － 借地権の価額
= 自用地の評価額 － 土地価額 × 借地権割合
または
= 自用地の評価額 ×（1 － 借地権割合）

借地権の評価額
= 自用地の評価額 × 借地権割合

定期借地権の評価額
自用地の評価額 × $\dfrac{借地契約時の定期借地権の価額}{借地契約時の土地の時価}$ × 逓減率

逓減率とは……
（定期借地権の残存期間に応じる複利年金減価率）
（定期借地権の契約期間に応じる複利年金減価率）
※2004年以降、基準年利率として、毎月ごとに定められることになりました

貸家建付地の評価評価額
= 自用地の評価額 － 自用地の評価額 × 借地権割合 × 借家権割合 × 賃貸割合
= 自用地の評価額 ×（1 － 借地権割合 × 借家権割合 × 賃貸割合）

建物が建っている土地の評価方法

土地と建物を所有		自用地の評価額 ×（1 － 借地権割合 × 借家権割合 × 賃貸割合）
土地と建物の所有が別	使用貸借	権利金※の授受がなく、地代が固定資産税相当額以下 → 自用地の評価額
	賃貸借	使用貸借以外 → 自用地の評価額 ×（1 － 借地権割合）

貸家建付地は借地権割合と借家権割合を掛けた分を引いて評価される
※権利金＝借地契約、借家契約の際に慣行として賃貸人から地主・家主に支払われる賃料・敷金以外の金銭

私道などの特殊な土地は減額できる

　私道とは、複数の者の通行に利用されている宅地のことです。間口が狭く奥まった宅地、いわゆる敷地延長部分については所有者の家族だけが通行に利用するので、私道とは言えず、通常の宅地としての評価になります。

　不特定多数の者が通行（通り抜け道路）……公共性があり評価なし
　特定の複数の者が通行……自用地の評価×0.3
　自己の通行のみに利用……自用地の評価

セットバックを要する土地は減額できる

　建築基準法では、道路の中心線からそれぞれ2mずつ後退した線が道路の境界線とみなし、建物の建て替えを行う場合は、その境界線まで後退（セットバック）して道路敷きとして提供しなければならないことになっています。このようなセットバック部分に該当する土地は通常の30％で評価をするようになっています。

地積規模の大きな宅地の評価が新設された

　三大都市圏の500㎡以上、その他は1000㎡以上の土地で普通住宅地区にある場合は、地積規模の大きな宅地として「規模格差補正率」を算出し、計算する評価方法となります。土地の形状と地積の大きさを考慮した評価になり、地積、地区区分、用途地域、容積率などにより補正率を算出します。2017年末までの広大地評価よりは減額率は小さくなりますが、広大地評価ができなかった角地などには適用できる場合もあります。

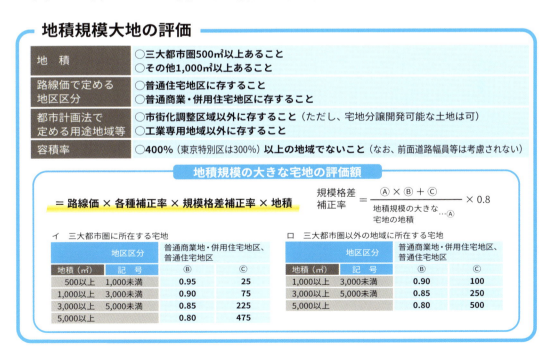

1章-8

相続の基礎知識⑧

相続財産の評価を知りましょう③

金融資産の評価
小規模宅地等の特例と要件

預貯金・保険金・年金の評価

　預貯金は、金融機関に預けてある残高がそのまま財産評価となります。評価は相続開始当日のものです。普通預金や通常貯金は、相続日の残高がそのまま評価額になりますが、定期預金や定期郵便貯金など貯蓄性の高いものは、預入額に課税時期現在の既経過利子を加えなければなりません。

　被相続人が保険料を負担していて、相続時点で生命事故が発生していない生命保険契約については、契約者や権利を相続した人に所得税や贈与税が課税されます。

　年金の内、郵便年金は相続税の課税財産として計上します。厚生年金などの公的年金制度から支給される遺族年金には課税されません。

株式の評価のしかた

種　類	評価の基準	評価方法
上場株式	取引価格	①相続開始日の終値 ②相続開始日が属する月の終値の平均額 ③相続開始日が属する前月の終値の平均額 ④相続開始日が属する前々月の終値の平均額 **①～④のうち最も低い価額**
気配相場等のある株式	原則として取引価格	①相続開始日の終値 ②相続開始日以前３カ月間の取引価格の月平均額 **原則として①②のどちらか低い価額**
取引相場のない株式	会社の利益・配当・資産価値または相続税評価基準による純資産価額	〈オーナー株主が取得した場合〉 　　大会社……**原則として類似業種比準価額** 　　中会社……**類似業種比準価額と、純資産価額との併用方式による価額** 　　小会社……**純資産価額**（または、類似業種比準価額との併用方式による価額） 〈オーナー株主以外が取得した場合〉 　　**配当還元価額**

小規模宅地等の特例が適用できる

　小規模宅地等の特例とは、相続人が自宅や会社の土地・建物などを相続税の支払いのために手放さないですむように、居住用であれば配偶者や同居親族、自宅を所有しない子どもが相続する場合や事業を継承する相続人がいる場合は、相続税の評価減を受けられる制度です。

　居住用宅地については330㎡まで相続税評価を80％減額できます。

　会社や工場として使っている事業用宅地については400㎡まで80％減額が可能であり、居住用宅地330㎡と事業用宅地400㎡の両方を併用して適用できるようになり、730㎡まで80％減額できます。

　独立型の二世帯住宅でも適用が受けられ、老人ホームに入っていた場合も介護が必要なため入所し、自宅を貸したりしていなければ特例を適用できます。

　ただし、この特例を受けるためには、相続税の申告期限までに相続人の間で遺産分割が確定していなければなりません。また、親族の経営する法人所有の不動産に住んでいる子どもは適用が受けられないなどの要件がありますので、確認が必要となります。

小規模宅地等特例適用の要件

相続する宅地	相続する人	上限面積	減額割合
自宅などの居住用	・配偶者 ・同居または生計を一にする家族 ・持ち家のない別居家族	330㎡	80%
不動産貸付業以外の事業用	事業を引き継ぐ親族	400㎡	80%
アパート・マンションなどの不動産貸付業	事業を引き継ぐ親族	200㎡	50%

小規模宅地等の特例は選択・組み合わせできる

例①

自宅：165㎡	3000万円 → 80％減 → 600万円
貸付用：100㎡	4000万円 → 50％減 → 2000万円
	7000万円 → 2600万円

例②

自宅：300㎡	2000万円 → 適用せず → 2000万円
貸付用：200㎡	5000万円 → 適用50％減 → 2500万円
	7000万円 → 4500万円

相続の基礎知識⑨

贈与の仕方と違いを知りましょう

暦年贈与や特例が効果的
相続時精算課税制度は生前相続

贈与税の課税① 「暦年課税」非課税枠110万円

　贈与税は、一人の人が1月1日から12月31日までの1年間にもらった財産の合計額から基礎控除額の110万円を差し引いた残りの額に対してかかります。したがって、1年間にもらった財産の合計額が110万円以下なら贈与税はかかりませんし、贈与税の申告も不要です。

　贈与の非課税枠には、次の5つがあります。

贈与の非課税枠

①**110万円の基礎控除による非課税枠……110万円**（毎年）

②**夫婦間贈与の特例による非課税枠……2000万円**

夫婦間贈与の特例は、夫または妻へ居住用不動産を贈与する場合、2000万円までが非課税になります。住むための家、土地や取得するための現金の贈与であること、結婚してから20年以上経過している必要があることなどの要件があります。

③**住宅取得資金贈与の特例による非課税枠……1000万円**（2022年12月31日まで）

父母や祖父母などから住宅取得等資金の贈与を受けると一定金額について贈与税が非課税となります。年度や要件により、非課税枠は変わります。

④**教育資金贈与による非課税枠……1500万円**（2021年3月31日まで）

⑤**結婚・子育て資金贈与による非課税枠……1000万円**（2021年3月31日まで）

子どもや孫へ贈与をするときの非課税制度は、「結婚・出産・育児」資金の贈与について新たに1000万円の非課税枠ができました。教育資金の非課税贈与は利用期間が2年延長されています。

贈与税の速算表

基礎控除後の贈与額	改正後の税額			
	20歳以上の者が直系尊属から贈与		左記以外の贈与	
	税額	控除額	税額	控除額
200万円以下	10%	—	10%	—
300万円以下	15%	10万円	15%	640万円
400万円以下			20%	640万円
600万円以下	20%	30万円	30%	640万円
1,000万円以下	30%	90万円	40%	640万円
1,500万円以下	40%	190万円	45%	640万円
3,000万円以下	45%	265万円	50%	640万円
4,500万円以下	50%	415万円	55%	400万円
4,500万円以上	55%	640万円		

贈与税の課税② 「相続時精算課税」非課税枠　2500万円

相続時精算課税制度は、20歳以上の子どもが、60歳以上の親や祖父母から贈与により財産を取得した場合に、その財産の価額の累積額が2,500万円以内であれば無税で、また、2,500万円を超える場合には、その超える部分の金額の20％を贈与税として納付する制度です。一度相続時精算課税制度を選択すると、従来の贈与税制度に戻ることはできません。

後に、親に相続が発生したときに、この贈与により取得した財産の累積額は相続財産に加算して、相続税額を算出します。

相続税額から既に支払った贈与税額を控除した金額を、相続税として納付します。支払った贈与税額が相続税額よりも多い場合には、還付を受けます。

この制度は、いわば相続税の仮払い（生前相続）であって、相続税が軽減するわけではありません。

相続時精算課税制度と従来の贈与税との比較

	相続時精算課税制度	暦年課税制度
贈与税額の計算	（課税価格 − 2,500万円）× 20% ※課税価格は贈与者ごとの合計額	（課税価格 − 110万円）× 累進税率 ※課税価格はその年に贈与を受けた金額の合計額
贈与者の条件	60歳以上（住宅取得等資金の贈与は条件なし）	なし
受贈者の条件	20歳以上の子や孫	なし
贈与税の納付	贈与税申告時に納付し、相続時に精算	贈与税申告時に納付し、完了
相続税計算との関係	贈与時の課税価格が相続財産に加算される	相続財産から切り離される （相続開始前3年以内の贈与は加算）
贈与税額の控除	控除できる	原則控除できない （相続開始3年以内の贈与税は一定の割合で相続税から控除できる）
相続税を減少させる効果	なし。ただし、時価上昇の影響を受けない効果はある	あり
その他	一度選択したら、暦年課税制度は適用できない	いつでも相続時精算課税制度に移行できる

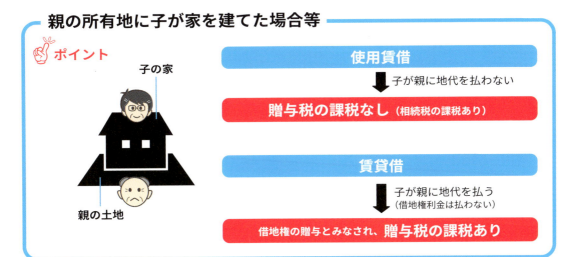

親の所有地に子が家を建てた場合等

ポイント

使用貸借 → 子が親に地代を払わない → 贈与税の課税なし（相続税の課税あり）

賃貸借 → 子が親に地代を払う（借地権利金は払わない） → 借地権の贈与とみなされ、贈与税の課税あり

1章-10 相続の基礎知識⑩

相続税の計算と相続税額の出し方を知りましょう

相続税は5つのステップに分けて計算する

相続税の計算をする

相続税の算出は、①課税価格の計算、②課税対象の遺産総額の計算、③相続人全員の相続税額の計算、④各相続人の相続税を按分計算する、⑤各相続人の加算額を考慮し、控除額を引くという5つのステップで計算します。

相続税算出の流れ

ステップ1　課税価格を計算する
課税価格 ＝ 相続による財産 ＋ みなし相続による財産 － 非課税財産 ＋ 贈与による財産 － 債務 － 葬儀費用　で算出します。

ステップ2　課税対象の遺産総額を計算する
課税遺産総額 ＝ 課税価格 － 基礎控除額（3,000万円 ＋ 600万円 × 法定相続人の数）で算出します。

ステップ3　相続人全員の相続税額を計算する
法定相続人が、法定相続分で取得した場合発生する、各相続人の税額を算出し、合計します。　各相続人の相続税額 ＝ 取得金額 × 税率 － 控除額

ステップ4　各相続人の分割割合で按分する
相続税総額を各相続人が実際に相続する財産の割合で按分し、各相続人の相続税額を計算します。

ステップ5　各相続人の控除額を引く
配偶者控除や未成年者控除など各相続人にあてはまる控除を差し引き、それぞれが納める税額を算出します。

相続税の速算表

法定相続人の取得金額	税　率	控除額
1,000万円以下	10%	0万円
1,000万円超　3,000万円以下	15%	50万円
3,000万円超　5,000万円以下	20%	200万円
5,000万円超　1億円以下	30%	700万円
1億円超　2億円以下	40%	1,700万円
2億円超　3億円以下	45%	2,700万円
3億円超　6億円以下	50%	4,200万円
6億円超	55%	7,200万円

各人の相続税額の計算

ステップ1、ステップ2

課税遺産総額 × 各相続人の法定相続分 = **各相続人の取得金額**

ステップ4

各相続人の取得金額 × 税率 － 控除額 = **各相続人の相続税額**

速算表より算出する

ステップ3

計算実例 〈妻・子2人、相続人が計3人で、課税価格は7,200万円〉

〈妻の場合〉
7,200万円 × 1/2 = 3,600万円
3,600万円 × 20% － 200万円 = 520万円

〈子の場合〉
7,200万円 × 1/4ずつ = 1,800万円ずつ
1,800万円ずつ × 15% － 50万円 = 220万円ずつ

相続税総額 520万円 ＋ 220万円 ＋ 220万円 ＝ **960万円**

ステップ4 〈法定割合で相続するなら〉
妻960万円 × 1/2 = 480万円　　　子960万円 × 1/4ずつ ＝ 240万円ずつ

相続税の税額控除の種類　ステップ5（ステップ4の算出額から控除）

税額控除の種類	控除の内容と要件
贈与税額控除	相続開始前3年以内に被相続人から贈与を受けていた場合は、相続財産に加えます。納めた贈与税と相続税の二重課税を調整するためです。相続人の相続税を算出した後、控除に該当する相続人がいれば、差し引いて納税するようにします。税額控除の種類は、①配偶者の税額の軽減、②贈与財産の税額控除、③未成年者の税額控除、④障害者の税額控除、⑤相次相続控除、⑥外国税額控除などが挙げられます。 　最も控除が大きいのは①配偶者の税額軽減で、配偶者が相続で受け取る財産の額が、法定相続分（2分の1）以下であれば税金がかからないというものです。また、法定相続分以上相続した場合でも、1億6,000万円までは税金はかかりません。
相次相続控除	被相続人が相続により財産を取得してから10年以内で、前回の相続税が課税された場合に、一定の税額が控除できます。
外国税額控除	相続または遺贈により日本国外にある財産を取得し、その財産の所在国で相続税に相当する税金が課せられたときは、日本で払う相続税額から控除できます。

2章

「相続プラン」を作って相続を用意する

2章-1 相続の課題を知ることで対策の内容が変わる

【経済面】財産・申告・納税・生前対策
【感情面】相続人・遺産分割

さまざまな課題を整理することから

相続カウンセリングにより課題を整理する

　相続では、相続人のこと、財産のこと、遺産分割のこと、申告・納税のこと、生前対策のこと、専門家のことなど、いろいろな項目が関わってくる場合があり、課題が一つではないかも知れません。それも個々のご家庭により状況は全部違うと言えますので、入り口が同じでも結論が違うように、答えが一つではないこともあります。

　課題が少ないから簡単に進められるかといえばそうとは言えず、一つでも致命的な問題に発展することもあります。課題が多くても専門家と一緒に適切な対処をすることができれば、深刻な状態にならずに進められることもあります。

　このように相続のスタートは課題を知ることですので、「夢相続カウンセリング」の項目（P.50参照）をチェックして、何が課題なのかを知って、整理してみましょう。

【経済面】①財産　②申告・納税　③生前対策についてチェック

①財産に関することは不動産や預金の課題をチェックします。
②申告・納税に関することは申告・納税に対する意識をチェックします。
③生前対策に関することは生前対策への取り組みをチェックします。

【感情面】④被相続人・相続人　⑤遺産分割

④被相続人・相続人財産に関することは家族の状況をチェックします。
⑤遺産分割申告・納税に関することは遺産分割の障害になることなどをチェックします。

課題の解決策を見つける……面談するのが近道

　相続の課題が整理できたのであれば、次は、どのように解決していくかの手段も明確にすることが必要です。何から始めるのがよいか？は、ご自分の判断だけでなく、専門家の判断を仰ぐ方が確実だと言う場合もありますので、解決に向けてのアドバイスを求めることが近道でしょう。

　夢相続の相続相談では、課題整理と解決へのアドバイスを目的としていますので、面談時間の中でその両方を提示するような取り組みをしています。相続のご相談は、家族や財産の状況など個人の事情をお話いただくことになり、短い時間ながらも信頼してその後の人生を左右するかもしれない場面に関わらせていただくわけですから、最善を尽くしたいという気持ちで臨んでいます。

　ご相談されるご本人も、話をしていただくことで整理され、気持ちもすっきりされることが多く、すがすがしい気持ちでお帰りいただくことができます。また、こんなことまで話す予定ではなかったのに話ができてよかったと言われる方もあります。相談に出向く、話をする、というアクションを起こすことから問題解決の糸口が見つかるはずです。

 面談相談のプロセス

```
予約  →  電話にて面談日の予約をする

相談票の記載  →  質問事項を相談シートに記入し、メール、FAX

面談当日
（カウンセリングと提案）  →  60分程度で課題を整理、アドバイス、提案

実務の依頼
（解決）  →  業務の内容と見積金額を確認の上、
　　　　　　　解決に向けて実務をサポート
```

夢相続カウンセリング（生前の場合）

【経済面】

①財産に関すること

	1 【不動産が多い】自宅の他にも不動産がある	［1点］
	2 【借地権】借地上に建物を所有している	［2点］
	3 【底地】借地人が居住している土地がある	［2点］
	4 【賃貸経営】賃貸物件を所有している	［1点］
	5 【預金】他の財産に比べて預金が少ない	［1点］
	6 【名義預金、保険】自分が契約した家族名義の預金や保険がある	［4点］
	7 【借入金】返済の見込みのない負債がある	［3点］
	8 【貸付金】返済の見込みのない貸付金がある（同族会社）	［3点］
	9 【会社経営】同族会社があり、株をもっている	［1点］
	10 【財産確認】財産がどれくらいあるか確認できていない	［1点］
	11 【現状課題】他に上記以外の課題があり、不安	［1点］

②申告・納税に関すること

	1 【財産評価】財産の価値が理解できていない	［2点］
	2 【申告】相続税の申告が必要になる	［2点］
	3 【申告】前回も相続の申告をしている	［4点］
	4 【節税】相続税を節税する余地がある	［2点］
	5 【節税】相続税を節税したい	［2点］
	6 【納税】相続税が払えるか不安	［2点］
	7 【納税】納税するための現金はない	［2点］
	8 【物納、延納】土地を物納、あるいは延納したいと考えている	［1点］
	9 【売却】土地を売却しないと納税できない	［1点］
	10 【顧問税理士】相談している税理士がいる	［1点］
	11 【現状課題】他に上記以外の課題があり、不安	［1点］

③生前対策に関すること

	1 【生前対策】これといった生前対策はしていない	［3点］
	2 【不動産の整理】問題を抱えた不動産がある（境界、共有名義等）	［3点］
	3 【財産継承】事業や後継者に不安がある	［2点］
	4 【賃貸事業】賃貸事業の見直しが必要	［2点］
	5 【遺言書】遺言書の作成が必要	［2点］
	6 【認知症】認知症、意識不明等で意思確認が難しい	［3点］
	7 【生前贈与】生前贈与をしていない	［1点］
	8 【土地の有効活用】遊休地がある	［1点］
	9 【資産組替】資産組替が必要である	［1点］
	10 【生命保険】まとまった現金が入る生命保険には加入していない	［1点］
	11 【現状課題】他に上記以外の課題があり、不安	［1点］

【感情面】

④被相続人、相続人に関すること

- [ ] 1 【独身】配偶者も子もいなく、親か兄弟姉妹が相続人　［1点］
- [ ] 2 【配偶者】子はいるが、配偶者がいない、あるいはすでに他界　［1点］
- [ ] 3 【子がいない】配偶者がいるが、子はいない　［1点］
- [ ] 4 【相続人がいない】配偶者、子、親、兄弟姉妹もいない　［1点］
- [ ] 5 【再婚、認知】前妻・前夫の子どもや、認知した子ども等がいる　［3点］
- [ ] 6 【代襲相続人】子どもや兄弟姉妹が先に亡くなり、代襲相続人がいる　［3点］
- [ ] 7 【不仲】家族間ですでに争いを抱えていたり、疎遠・対立している　［5点］
- [ ] 8 【援助】援助が必要な相続人がいる（障害、独身、離婚等）　［2点］
- [ ] 9 【行方不明、海外在住】相続人に行方不明や海外在住者がいる　［2点］
- [ ] 10 【寄与】介護や事業に寄与してくれた相続人がある　［1点］
- [ ] 11 【現状課題】他に上記以外の課題があり、不安　［1点］

⑤遺産分割に関すること

- [ ] 1 【主張】遺産分割につき、個々の主張が違う　［2点］
- [ ] 2 【寄与】介護や事業に貢献してくれた相続人に多く分けたい　［1点］
- [ ] 3 【2次相続】2次相続でも納税が必要　［1点］
- [ ] 4 【不動産】動産よりも不動産の評価が高い　［1点］
- [ ] 5 【不動産】不動産が分けられない、または分けにくい　［2点］
- [ ] 6 【収益物件】収益物件があり、分けにくい　［2点］
- [ ] 7 【同居】ひとつの不動産に相続人複数が同居している　［5点］
- [ ] 8 【共有名義】共有名義になっている不動産がある　［3点］
- [ ] 9 【代償金】不動産を相続するものが代償金を払うようにしたい　［1点］
- [ ] 10 【生前贈与】贈与した財産があるが全員に知らせていない　［1点］
- [ ] 11 【現状課題】他に上記以外の課題があり、不安　［1点］

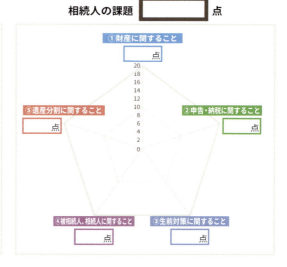

51

2章-2 相続税の申告が必要か、不要か確認しよう

相続人と財産を確認・相続税がかかるか否か、知るところから

相続プラン基礎シートを作りましょう

相続対策に取り組むとしても、まずはおおよその全体像の把握が必要です。相続人を確認して基礎控除を知ることができると、対策の目安となります。次に財産の確認をして、相続税がかかる財産か、かからないのかの判断をつけます。それによって、取り組む対策の内容が変わってきます。相続税がかかるか否か、全体のイメージを知るところからスタートします。

①相続人を知る
- 家系図を書く ・相続人は何人 ○人

②基礎控除
3000万円＋600万円×○人＝○○○○万円

③財産評価を出し、合計額を出す
- 不動産　　土地・建物　　○○○○万円
- 金融資産　預金・株　　　○○○○万円
- 負債　　　□□銀行　　△○○○○万円
- 正味財産額

④相続税と申告の有無
- 正味財産○○○○万円－基礎控除○○○○万円＝○○○○万円
- 相続税　　○○○○万円
- 相続税の申告　必要　・　不要

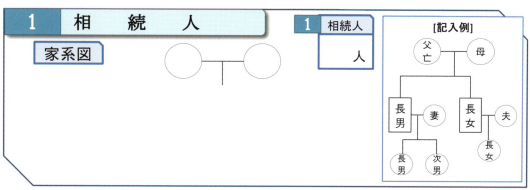

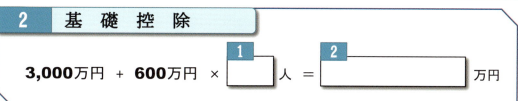

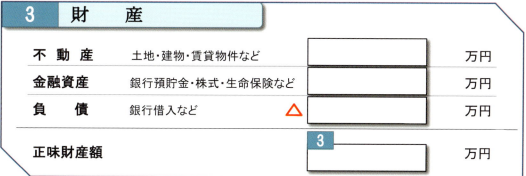

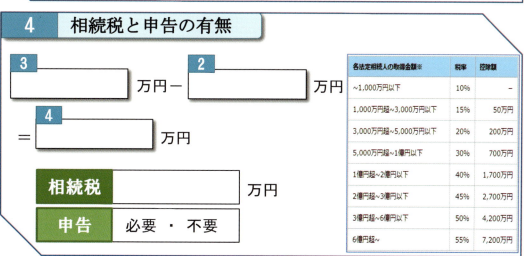

相続人が2人だけの場合

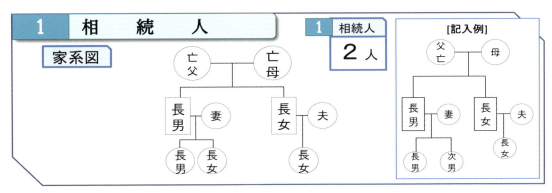

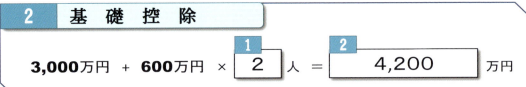

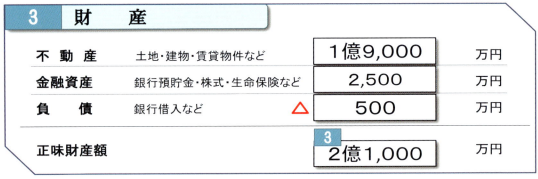

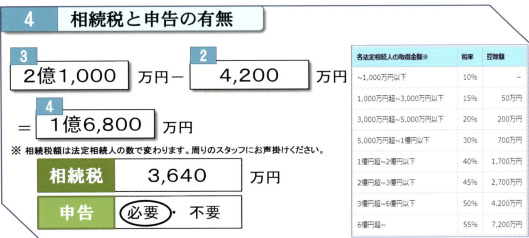

相続人が配偶者と子どもの場合

相続プラン基礎シート

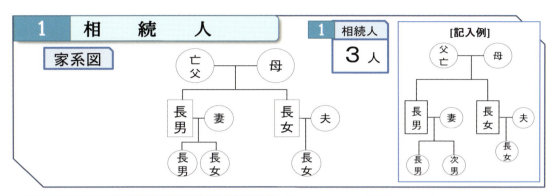

2 基礎控除

3,000万円 + 600万円 × 3 人 = 4,800 万円

3 財産

不動産	土地・建物・賃貸物件など	1億9,000	万円
金融資産	銀行預貯金・株式・生命保険など	2,500	万円
負債	銀行借入など △	500	万円
正味財産額		2億1,000	万円

4 相続税と申告の有無

2億1,000 万円 − 4,800 万円

= 1億6,200 万円

※ 相続税額は法定相続人の数で変わります。周りのスタッフにお声掛けください。

各法定相続人の取得金額※	税率	控除額
～1,000万円以下	10%	－
1,000万円超～3,000万円以下	15%	50万円
3,000万円超～5,000万円以下	20%	200万円
5,000万円超～1億円以下	30%	700万円
1億円超～2億円以下	40%	1,700万円
2億円超～3億円以下	45%	2,700万円
3億円超～6億円以下	50%	4,200万円
6億円超～	55%	7,200万円

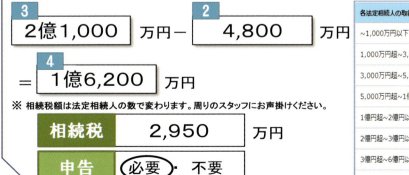

相続税 2,950 万円

申告 （必要）・不要

2章-3 「相続プラン」をつくって用意する①

生前対策に取り組む順序

「感情面」「経済面」の
バランスが大事

生前の対策が必須

相続になってからでも土地の評価や特例で節税できる方法は残されていますが、それは対策の一部でしかありません。やはり、相続税の節税対策の大部分は生前にしておくべきことで、取り組んだだけの効果は確実にありますので、節税対策は必須と言えます。

また、特例が使えるから対策しなくてもなんとかなる、という場合でも安心はできません。なぜなら、特例を使うには、相続税の申告期限までに遺産分割が完了していないといけないのです。そのため、少なくとも、もめない対策は必須だと言えるのです。

生前対策に取り組む順序

「相続プラン」は次の順序で取り組むようにします。

- Ⅰ 相続相談、カウンセリング
- Ⅱ 相続人の確認、状況の確認・把握をする
- Ⅲ 財産評価と課題の整理
- Ⅳ 感情面の対策① ➡ 分けられる財産にしておく
- Ⅴ 感情面の対策② ➡ 遺産分割を決めて遺言にしておく
- Ⅵ 経済面の対策① ➡ 分割金、納税資金を確保しておく
- Ⅶ 経済面の対策② ➡ 節税対策をしておく

生前にできる節税 「財産を減らす＋評価を下げる」

財産	財産を減らしてできる節税	評価を下げてできる節税
現金	◯ 贈与　普通預金（貯金）：110万円 教育資金：1,500万円 住宅取得：500〜1,500万円 配偶者控除：2,000万円 結婚・子育て資金：1,000万円 ◯ 寄付	◯ 不動産を購入 ◯ 建物資金に利用
株式	◯ 贈与	△ 同族会社株であれば計画的に評価が下がる状況をつくる
生命保険	◯ 現金 → 保険加入	◯ 非課税枠：1人500万円
不動産	◯ 贈与 ◯ 売却 → 現金 → 購入 ◯ 寄付	◯ 土地活用、資産組替 ◯ 分筆 ◯ 広大地確保
その他対策	法人設立（現金増回避）	養子縁組（基礎控除増：1人or2人）

「感情面」「経済面」に配慮する

　相続になっても残された人が円満に、不安なく、争わずに乗り切れるよう、感情面と経済面の両方に配慮しながら対策をしておくことで、相続の価値が高まります。さらに、そうした意思を残すことで、対策をしてこられたご本人への感謝や評価が高まり、家族の絆が再確認できる機会となります。

　相続では、配慮のある生前対策をしておくことが大切です。そうした用意がないと、残された家族は迷い、主張し、争うことになります。相続は「なんとかなるだろう」ではうまくいきません。生きているうちに「相続プラン」をつくり、自分の意思を残すようにしてください。

ここがポイント

・相続は用意しないとうまくいかない
・相続は家族の絆を再認識する機会となる

2章-4 「相続プラン」をつくって用意する②

Ⅰ 事前準備 相続人の確認、状況の確認・把握
Ⅱ 事前準備 財産の確認、現地調査、評価、課題整理

相続人を確認する＝基礎控除の算出

　最初に、相続人を確認し、家系図を作成します。相続人の確認をすることで、「相続税の基礎控除」が算出できます。基礎控除の確認は「相続プラン」の提案の前提条件となります。「相続税の基礎控除」は3,000万円で相続人1人につき600万円加算しますので2人なら4,200万円となります。財産の総額が「基礎控除」を超える場合と超えない場合とでは、対策の内容は大きく変わります。次に相続人の住まいや、その家族、職業などを確認します。同居する人がいれば、小規模宅地等の特例の適用ができる可能性があるということになります。同居がない場合は「家なき子」の子どもがいるかどうかを確認もします。

　家族の関係が良好かどうかを確認します。すでに不仲の状態であれば、円満な分割協議は難しいと思われるため、対策が必要になるからです。また相続人の生活環境や健康状態などの課題がないかということも確認をし、円満な遺産分割ができるかどうかの判断をします。

相続人の確認をする

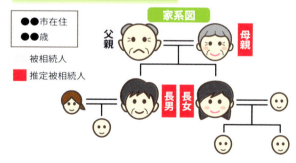

【民法上の法定相続分】

推定相続人	人数	法定割合
配偶者	―	1/2
子	3人	各1/6

ここがポイント

・相続税の基礎控除が対策の基準となる
・相続人の状況により対策は変わる

財産の確認、現地調査、評価、課題整理

　不動産は、名寄せ帳、固定資産税納税通知、固定資産税評価証明書などの書類で土地と建物の所在地や面積などを確認します。共有者がある場合は、登記簿謄本で共有の割合を確認するようにします。預金は通帳の残高を確認します。株式は証券会社の預かり証、保険は保険証券で確認するようにします。同族会社の株や法人への貸付金がある場合も評価をして財産に加えます。アパートや住宅ローンなどの負債は金融機関の返済表などの明細で確認します。

　不動産、動産、負債を確認したあと、財産評価をします。不動産については面積や利用状況により評価が変わるため、必ず現地調査をして簡易測量をして、利用状況を確認します。

　プラス財産からマイナス財産を引き、基礎控除を引いた課税財産を算出して、相続税の予想額を計算します。さらに不動産の共有、担保設定、連帯保証など、課題を整理します。

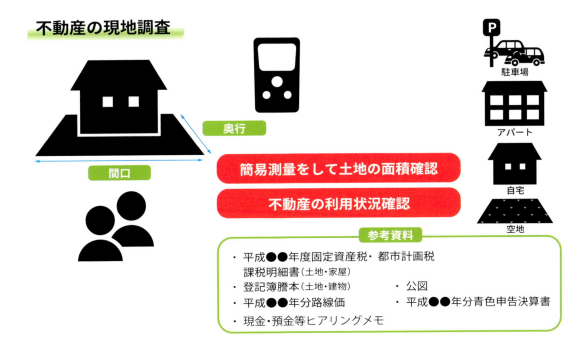

ここがポイント

- 財産を確認、評価して相続税を算出する
- 共有、担保、連帯保証などの課題を整理・解決する
- 不動産の現地調査は必須

2章-5 「相続プラン」をつくって用意する③

- Ⅲ 感情面の対策　分けられる財産に
- Ⅳ 感情面の対策　遺産分割を決めて遺言書を

  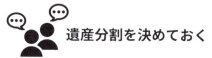

分けられる財産にしておく

　財産の多い少ないにかかわらず、相続になれば財産継承の手続きをしなければなりません。ところが相続になっても遺産分割の話し合いがつかないばかりに、実質的な財産分与ができず、何年も不動産の名義が亡くなった方のままになっていて困っているというご相談が絶えません。遺言がないため相続人で分割協議をしなければいけないところ、諸事情で頓挫しているようです。

　事情は個々に違いますが、いくつかの共通項をまとめると、複数の相続人がいるのに不動産は自宅1カ所で分けられない場合や、賃貸物件で収益があるものと自宅のように収益がないもので価値が違うため分けられないことが多いようです。不動産を共有して決めてしまうこともよくあるケースですが、将来的に問題に発展することもあり、お勧めではないことがあります。

　不動産1カ所では物理的に分けられないことの方が多いため、相続で分けられるようにしておくことが大切です。たとえば、特定の相続人に不動産を相続させるならば、他の相続人にはそれに見合う動産を用意することでバランスを取ります。なかには遺言で不動産を売却して分けるようにとしている方もあります。不動産の数がある場合でも誰がどこを相続するかを指定しておかないと話し合いがつかないこともあります。節税するよりも分けられることが大事だと言えますので、やはり用意が必要です。もめてしまえば節税もできないことになります。

ここがポイント

- 分けられないのでもめていく……**もめたら節税もできない**
- 不動産がもめる要因のひとつ……**共有だと課題が残る**

遺産分割を決めて遺言書に

　次の世代に継承してもらうための分け方を指定しておくことは大切です。意思表示もなく、あとの者がなんとかするだろうというのでは、うまくいくはずがありません。決めたあとは意思を伝えておかなければ、残された人に迷いや欲を持たせるものです。財産分与の具体的な方法を決めていないばかりに形として残った不動産や動産を巡り親族がもめるとすれば、相続の価値は半減することになります。相続人が迷わず、争わないための羅針盤になる「遺言書」を作成し、自分の意思を明確にして残しておくことが必要で、公正証書遺言が最適です。

　遺言書は具体的な財産分与だけでなく、感謝や気持ちを綴ることもできます。残された人たちを思いやる愛情にあふれたものであれば、感情的な部分で救われ、生きる勇気を与えられるはずです。意思を残すことで、家族に有形、無形の財産を残せば、相続の価値があると言えます。

　相続の手続きは相続人全員で進めますが、窓口となる代表者は１人の方が何事もスムーズにいきます。その代表者を選任しておくことも大切です。相続ではその家庭の事情があからさまに表に出てきますので、財産のことで争わないような家庭をつくっておく、日頃から物よりも大事なものがあることを教えておくことが理想です。相続人は時を経て、次は自分の相続人へと継承させることになります。親の代でもめたところは、また次もとなりかねません。マイナスのＤＮＡは残さないことも財産になります。

もめない遺言書

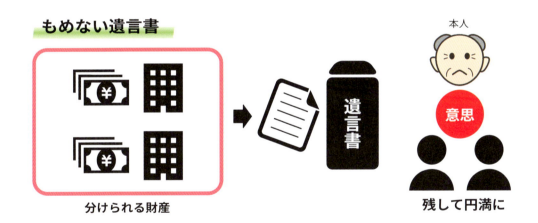

分けられる財産　　　　　　　　　　　　　　本人
　　　　　　　　　　　　　　　　　　　　　残して円満に

ここがポイント

・遺産分割でもめないためには遺言書が必要
　　……**生前の用意で争いを残さない**
・２次相続での分け方まで決めた内容にする
　　……**事前の了解をつくっておく**

2章-6 「相続プラン」をつくって用意する④

Ⅴ 経済面の対策 分割金、納税資金を確保
Ⅵ 経済面の対策 積極的な節税対策を

生前対策は **不動産** と **現金** の活用

分割金、納税資金はあるか

　相続税の予想額を出し、財産分与を考えると相続時にどれくらいの現金が必要となるかは、ある程度想定できます。現在の財産の中で、すでにそれに見合う現金や有価証券などの動産がある場合は大きな不安はないと言えます。しかし、不動産はあるが必要とされる現金がないこともあるでしょう。それでも財産分与の分割金や納税資金は必要ですから、そのための用意は必要です。相続になってもお金は急に増やせないということです。

　こうした場合の対策を考えた場合、相続税の予想額や財産分与を目安とした生命保険に加入しておき、分割金・納税資金を準備することもできます。あるいは、売却に時間がかかることもあるので、不動産は早めに売却をして換金しておくことも方法のひとつです。相続になったら分けられる形に替えておくことも対策となります。

　また、まとまったお金がない、つくれない場合でも、賃貸事業などの安定収入があれば、分割金や納税に充てることができると言えます。ただし、収益が安定した賃貸事業にしておくことが大切です。スタートするときも当然ながら、毎年、収益のバランスを確認して負担がない優良な賃貸事業にしておくことで相続のときにもプラスの財産になります。

ここがポイント

- 不動産の代わりに現金を払う……**現金はどうしても必要になる**
- 不動産を売却・換金しておく……**利用しないときは処分を決断する**
- 生命保険を活用する……**計画的に納税分を用意する**

積極的な節税対策をしておきたい

相続税がかかることがわかれば、次は節税対策をしたいということになります。節税対策の方法はいくつもありますが、個々の事情に合わせたオーダーメードの提案が必要になります。主な生前対策となるのは「不動産」と「現金」を活用した対策であり、「財産を減らす対策」の贈与や「評価を下げる対策」の購入、資産組替、土地活用などの不動産対策だと言えます。対策をすることで節税できます。

【贈与】配偶者の特例を利用する……………………自宅の贈与は2,110万円まで無税
【贈与】現金、不動産を贈与する………………………生前に財産の前渡しをする
【建物】現金を建物に替える……………………………建物評価は半分以下になる
【購入】現金で不動産を購入する………………………不動産で評価を下げる
【資産組替】土地を売却、賃貸不動産に買替える………立地や形を変えて事業を継続する
【土地活用】土地に賃貸住宅を建てて賃貸事業をする……確実に節税できる
【法人設立】賃貸経営の会社をつくる……………………現金の資産増を回避する

相続人が増えれば基礎控除が増えるので、養子縁組で相続人を増やすことも対策のひとつです。孫や嫁と養子縁組をすることが一般的で節税の価値は出ますが、あとで相続人間の感情的な問題ともなるため、事前に同意を得ておくようにするなど、配慮をすることが必要でしょう。

節税対策

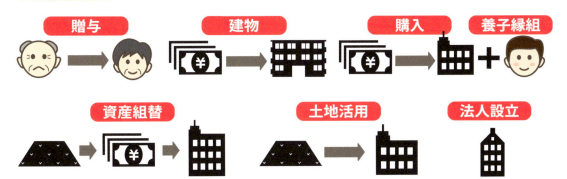

ここがポイント

・生前対策は「不動産」と「現金」を活用するのが主となる
・節税は「財産を減らす」＋「評価を下げる」ことの組み合わせ

3章

感情面の対策のポイント

3章-1 感情面

オープン＆コミュニケーション
家族問題を解決する

なんで相続の
話を切り出さないの？

親と子の本音は噛み合わない

まだ言わないほうが
いいかも

意思を残して自分と家族を守る……財産相続させる"親"の立場から

「相続させる立場」では、相続を準備することは、財産を持つ人の権利であると同時に義務でもあると言えます。遺された子どもたちがもめてしまえば、ご自身の評価も下がってしまうことになりかねません。

相続の場面では争いばかりでなく、家族が協力し合い、円満に手続きをされるご家庭もあります。亡くなった方に対して感謝や尊敬心を持ちながら、互いに配慮して家族の絆を大切される気持ちがあると、こちらにもそうした気持ちは十分に伝わりますし、終始円満に穏やかに手続きが進みます。日頃から自分の意思を明確に示し、その生き方や考え方を家族に示していくことで、ご自身の価値も家族の絆も守ることができるのです。

相続させる"親"の本音

- 子どもにお金のことを知らせると、あてにされそう
- 生前にお金を渡すと、使われてなくなってしまう
- 親のお金をあてにするような生き方をさせたくない
- お金は最後まで渡したくない
- 財産を残すともめごとになるので残さず使い切る

親子、兄弟信頼関係を保つ……財産相続する"子ども"の立場から

「相続する立場」では「財産を引き継ぐこと」の前に「親をサポートする役割」だということを忘れてはなりません。親が高年齢になると介護が必要になることもあるでしょう。そうしたとき、親の希望も聞きながら、子どもとしてどのように対応するのか。役割分担をすることで意思の疎通が生まれ、親子の絆が深まります。

また「兄弟姉妹でも情報共有」するため、普段から親子、兄弟姉妹でコミュニケーションを取っておくことができれば、互いの信頼関係は保てるでしょう。

相続する"子ども"の本音
- 相続になっても兄弟姉妹でもめたくない
- 相続税はできるだけ節税したい
- 兄弟姉妹は等分が当たり前
- 同居したからといって財産を多く分けるつもりはない
- 相続になる前、早めに財産を分けてもらえば助かる

相続は家族のテーマとして考える……相続ブームで取り組みやすい環境になった

「しこりを残さないオープンな相続にする」ことが大切です。何事も隠さず、オープンにしないと疑心暗鬼を引き出し、一生悔いが残ります。ですから、できるだけ悔いを残さないようにしておきたいものです。

少し前まで相続のテーマは、あまり表だって話題にされることはありませんでした。けれども、相続税や贈与税の改正が発表された頃から、新聞、テレビ、雑誌などでも日常的に相続のテーマを取り上げていますので、普通に話題にできる国民的なテーマになってきました。だからこそ、こうした世の中の動きがあるときをチャンスとして、家族のテーマにしておく必要があります。

👉ポイント　オープン＆コミュニケーション

財産や生前贈与は**オープン**にしておく	隠しごとをせず、疑心暗鬼の種をつくらない
普段から**コミュニケーション**を取っておく	いざとなってからでは円満にいかない
寄与や介護の役割分担の**情報共有**をする	一方的な主張にならないようにする
もめないよう**遺言書**や**民事信託**を用意する	意思を残せば悲惨なもめごとにはならない

感情面の対策のポイント

3章-2 【感情面】

もめない対策「遺言書」と「民事信託」

"配慮ある遺言書"をつくりたい

遺言書、成年後見、民事信託の違いは？

- 「遺言書」　本人の意思を実現することができる
- 「成年後見」　財産管理が目的＝意思能力が低下
- 「民事信託」　財産を託して財産の活用ができる＝契約

もめない対策は「遺言書」と「民事信託」

「もめない対策」の具体策としてあげられるのが「遺言書」と「民事信託」です。いずれも本人の意思が明確なうちにしておかないといけない対策です。本人の意思能力が低下した場合は、「後見人」をつけることになります。事前に「任意後見人」の指定がなければ弁護士などが「成年後見人」になりますが、目的は「財産管理」ですので、そうなると「遺言書」や「贈与」「不動産活用」などの前向きな対策は一切できません。しかし、本人の意思が明確なうちに「民事信託」をしておけば「贈与」や「不動産活用」などの対策を進めることができます。

ただし「民事信託」の契約書は複雑で、工夫も必要なため、実務に詳しい専門家に相談・依頼する必要があります。「遺言書」をつくっておけば本人の意思を実現することができ、争いも未然に防ぐことができます。次のチェックリストを活用して該当する項目がひとつでもあれば、決断する必要があります。

遺言書、成年後見、民事信託の違い

	財産活用	遺言書	成年後見	民事信託
生前	守る	―	〇	〇
	本人のために活かす	―	△	〇
	家族のために活かす	―	✕	〇
相続後	遺す	〇	―	〇
	先々まで遺す	―	―	〇

遺言書の必要度チェックリスト

　相続人や財産に関する項目で下記の項目に該当する場合は、遺言書の作成をしておく必要があります。下記にない場合でも、相続人の話し合いが円滑にいかないと想定される事情があれば、遺言書を残すことを検討しましょう。

相続人に関すること

- [ ] 1 〈独身〉独身で子どももなく、親か兄弟姉妹が相続人になる
- [ ] 2 〈子がいない〉結婚しているが子どもがなく、配偶者と親か兄弟姉妹が相続人になる
- [ ] 3 〈相続人がいない〉独身で子どもがなく、親も兄弟姉妹もいない
- [ ] 4 〈再婚、認知〉先妻、先夫の子どもと後妻、後夫の子ども、認知した子ども等がある
- [ ] 5 〈代襲相続人〉子どもや兄弟姉妹が先に亡くなり、代襲相続人がいる
- [ ] 6 〈不仲〉家族間ですでに争いを抱えていたり、対立している
- [ ] 7 〈相続人の排除〉相続人それぞれに特定の財産を与えたい、あるいは与えたくない
- [ ] 8 〈行方不明、海外在住〉相続人が行方不明の場合や海外在住で手続きが複雑になる場合

財産に関すること

- [ ] 9 〈贈与〉すでに贈与した財産を明確にしておきたい
- [ ] 10 〈寄与〉介護や事業に貢献してくれた相続人がいる
- [ ] 11 〈使用貸借、同居〉同族会社や個人事業者で、後継者を指定しておきたい
- [ ] 12 〈遺産分割〉相続人に特定の財産を与えたい、あるいは与えたくない
- [ ] 13 〈援助〉援助が必要な相続人に財産を多く与えたい
- [ ] 14 〈事業後継者〉同族会社や個人事業者で、後継者を指定しておきたい
- [ ] 15 〈遺贈〉相続権のない孫や嫁、兄弟姉妹に遺産を与えたい
- [ ] 16 〈寄付〉相続人以外の親しい人に遺贈したい、お寺、教会等に寄付したい

ポイント　もめない遺言書にしておきたい

遺言書はこっそりつくらない ➡ 公正証書遺言がお勧め
　誰かがつくらせたという疑いはもたせない。全員に知らせておく

遺産分割は公平にするのが無難
　遺留分には配慮しておく、付言事項を活用する

公平に分けられないときは理由を明記する
　付言事項を活用し理由や意思を書いておく

財産のことだけでなく、感謝や気持ちも残す
　全員に向けたメッセージや思いは最良の説得材料になる

3章-3 感情面

成年後見人よりも民事信託
相続対策するなら民事信託で

生前対策をするなら ➡ 民事信託 ⭕ 成年後見人 ❌

成年後見人と民事信託の違い

　後見人は、本人が認知症等により、意思能力が低下した場合、本人に代わり「財産を守り管理すること」を目的とした制度です。本人の財産を守るために、預貯金などもそのまま維持することが原則になります。家族のための生活費の消費や贈与、不動産対策などは認められませんので、節税対策はできません。これに対して民事信託は、生前に家族で財産を託す契約をしておける制度です。本人の財産を託された人が、本人に代わり、資産の有効活用や円滑な資産承継をすることができます。

相続対策するなら「民事信託」

「遺言書」は相続が発生しないと効力は発揮できないため、生前のできごとに対処できません。長寿社会になる昨今は、認知症の問題は避けてはいられないのが現状です。平均寿命が80歳以上の現代では、相続になるまでの間も財産や家族の変化に応じて適切な対策をすることが必要です。よって、相続税がかかる財産を所有する人は「遺言書」だけではなく「民事信託」についても取り組んでおくことが望ましいでしょう。信託契約をしておくと、信託財産を管理・処分することができ、節税対策にも取り組むことができます。

　次のチェックリストの項目に該当する場合は、民事信託を検討する必要があります。

民事信託の必要度チェックリスト

- [ ] 1 〈財産管理〉親が認知症になったあとの財産の管理を円滑にしたい
- [ ] 2 〈節税対策〉親が認知症になったあとも節税対策などを進めたい
- [ ] 3 〈不動産〉不動産の割合が高く、公平な分け方が難しい
- [ ] 4 〈収益物件〉主な財産が収益物件で分けられない
- [ ] 5 〈収益分配〉相続後の財産の維持の仕方、収益の分け方を決めておきたい
- [ ] 6 〈生活援助〉援助が必要な子どもの生活を保護したい
- [ ] 7 〈配偶者〉配偶者の生活を守りたいが、その先も決めておきたい
- [ ] 8 〈共有せず〉不動産の共有をせずに子どもたちに財産を渡したい

ポイント　成年後見人と民事信託の違い

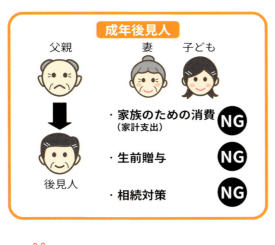
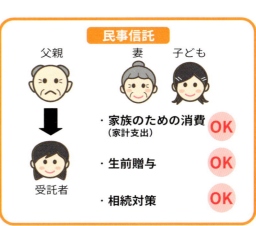

ポイント　生前対策は家族で取り組みたい

遺産分割でもめたら節税できない
もめない対策が必須……**特例も使えない**

生前対策は意思確認が取れるうちに
認知症になったら前向きな対策ができない（贈与・売却・購入・借入・遺言など）
成年後見人をつけるとさらに対策はできない（財産管理が主となる）

生前対策は家族みんなで
相続は家族のテーマ……**いまからコミュニケーションを**

column 感情面

もめると悲惨。絶縁になる①
相続の悩み"トップ"は遺産分割のもめごと

もめる相手は **実の兄弟姉妹** が圧倒的に多い

遺産分割がうまくいかない。調停や裁判も

　私は相続コーディネート実務士として、東京駅前、八重洲の「夢相続」のオフィスで、毎日のように全国から寄せられる相続相談を受けています。いままでの相談数は1万4,400件を超え、多くの方にお会いしてお話を伺い、アドバイスをしてきました。そのなかでも毎年多いのは「相続になって遺産分割がうまくいかない」というご相談です。親子や兄弟姉妹で話し合うことができなくなってしまい、困り果てて来られる方ばかりで、なかには家庭裁判所の調停や裁判をされていることもあります。

両親亡きあとの実の兄弟姉妹がもめる

　右にご紹介するのは、相談に来られた人のうち「遺産分割」がうまくいかなかった方を分析したグラフです。相続でもめるのは「実の兄弟姉妹」が圧倒的に多いことがわかります。

　実の兄弟姉妹なら、一緒に仲良く育ち、なにも問題は起きそうにないと思いたいところですが、相続でもめるのは"実の兄弟姉妹"が圧倒的に多いのが現状です。まだ片親がいるうちは譲歩できることが多いのですが、両親ともに亡くなってしまったときは歯止めがきかず、絶縁になるほど深刻なもめごとに発展してしまいます。

　もめる要因はいくつもありますが、それぞれが独立した世帯になり、普段のコミュニケーションが取れていないことがもめる要因のひとつだと考えられます。実の兄弟姉妹でも話をしたり、会うことがないのが実情のようです。

「分けにくい」「オープンにしない」がもめる要因となる

　また、財産が多いからもめるのではなく「分けにくいこと」「オープンにしないこと」が要因となって「それぞれの主張が対立」します。さらに疑心暗鬼となり、言い争いになり、何年も何十年も前のことまで取り出して責め合うようになります。こうなるとなかなか簡単にはまとまらず、調停や裁判に発展し、兄弟姉妹が絶縁になることは想像に難くありません。

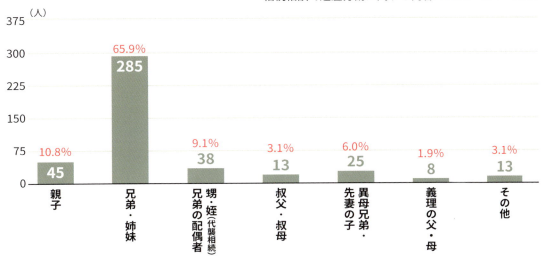

遺産分割の相談者分析①　もめている相手方との関係
相続相談で遺産分割に関する内容（平成19〜30年・427人）

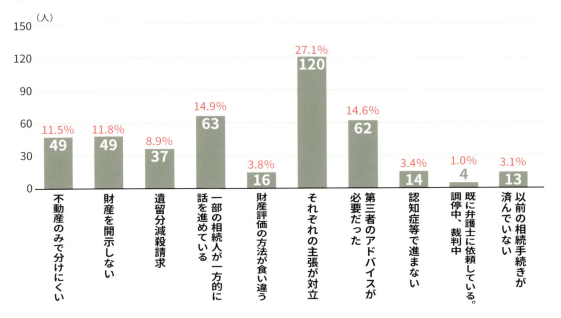

遺産分割の相談者分析②　もめている理由
相続相談で遺産分割に関する内容（平成19〜30年・427人）

> 感情面

もめると悲惨。絶縁になる②

裁判してもメリットはない

家族や家業、時代が変わった

　家族や家業に対する考えも変わってきました。家督相続の制度がなくなり平等相続になりましたので、長男だから、家の跡継ぎだから、同居しているからというだけではまとまりません。相続人は皆同じ立場で権利を主張できる時代となり、家や家業や兄弟姉妹の関係を守るよりも自分と家族が大事で、割り切って権利を主張する人も増えてきました。

　親が亡くなって、家族の情や亡くなった親への感謝に浸る余地もなく、いきなり財産の話をしてしまうと円満にいくはずがありません。相続が子どもたちの自己主張の場となり絶縁にならないよう、親の立場でもめない対策を用意しておくことが必須の時代と言えます。

財産が分けられないことが争いになる……特に不動産が課題

　遺産分割で争いになるのは、財産の多い少ないではありません。もめてしまう要因のひとつには財産が分けられないことがあります。預貯金、株などの流動資産であれば、1円単位まで分けられますが、特に不動産が分けにくいということがあるからです。

　たとえば相続人の1人が同居してきた家は住み続けたい、親の面倒を看てきた寄与分があるという主張があり、お金は残らないケースですと、うまくいきません。

　また、賃貸物件がある場合、ある1人の相続人が独占したいと考えていることがあります。収益がない自宅だけではつまらないので、収益がある共同住宅ももらいたいということです。したがって、ある1人の相続人が不動産を全部相続するという事態になり、家を出ている相続人には分けられなくなります。

裁判しても悔いは残る……分け方は決まっても家族の縁は戻らない

「最初から、家・家業の状況や事情、財産の内容を明らかにして、遺産分割の案を提示してくれるなら、譲ってもいいと思っていたのに、親族を代表する者が教えてくれないので、財産を隠しているのかもしれないと感じた」

ご相談に来られる方々からよく聞く話です。このようなケースになると、親族間同士で権利を主張し合い、互いに意地の張り合いになってしまうようです。

相続人で分割協議がまとまらなくなり、感情的にもこじれてしまうと、次なる解決方法としては、第三者を入れて話し合うことになりますが、この場合の第三者は、弁護士や家庭裁判所となります。

しかし、弁護士や家庭裁判所は財産の分け方を決めるだけで、相続人間のコミュニケーションは一切できなくなるのが現状です。身内の縁が切れることになり、裁判しても相続人には悔いが残る結果となることは明らかです。

遺産分割の相談者分析③ 相続相談で遺産分割に関する内容 （平成19～30年・427人）

①遺産額

③遺言書・相続税申告の有無

②相続人数

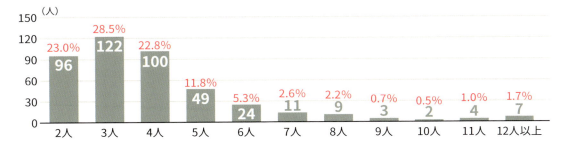

4章

経済面の対策のポイント

4章-1 経済面

財産を減らすこと＋評価を下げること①

評価の仕方が違う

評価の違いが **節税効果を引き出す**

節税の基本① 現金 vs 不動産

　現預金の価値は一定で変わりません。価値が変わらないのは安心ですが、節税を考えると、現預金をそのまま持ち続けたとすると、節税できないのです。

　ここで知っておきたいことは、現預金と不動産の評価の仕方の違いです。前述のとおり、現預金は金額がそのまま評価となります。しかし、不動産は評価の仕方が違うのです。

　土地は路線価で評価すると、時価の約8割になります。賃貸していれば借地権、借家権を掛けた割合を引くのでさらに8割になります。建物は固定資産税評価で評価しますので時価の4割程度になり、貸していれば借家権を引いた7割になります。

　たとえば、現金1億円で1棟マンションを買うとすると、

建物　5,000万円 × 0.4 × 0.7 ＝ 1,400万円　　**土地**　5,000万円 × 0.8 × 0.8 ＝ 3,200万円

となります。土地・建物を合わせると46％となり、半分以下の評価になります。よって、現預金で持ち続けるよりも、収益物件を購入したほうが半分以下の評価に変わり、節税になるのです。

節税の基本② 区分マンション

　前述の資産総額1億円の場合は、土地にマンションが建っているとして想定しましたが、共同住宅の1室、区分所有の分譲マンションを購入する場合も検証してみましょう。

　区分マンションの土地は共有であり、全体のうち一部を所有していますので、一般的には、土地の価格よりも建物の価格が大きくなります。実例を検証すると、3,180万円で購入して賃貸している区分マンションは754万円の評価となり、購入価格の23.7％に下がります。よって、1棟マンションよりも建物価格の割合が大きいほうが節税効果は高いのです。

現金 vs 不動産

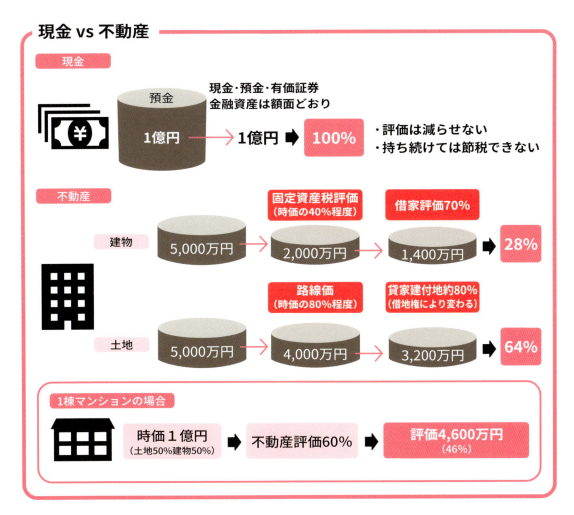

区分マンション（区分マンションを購入して賃貸した実例）

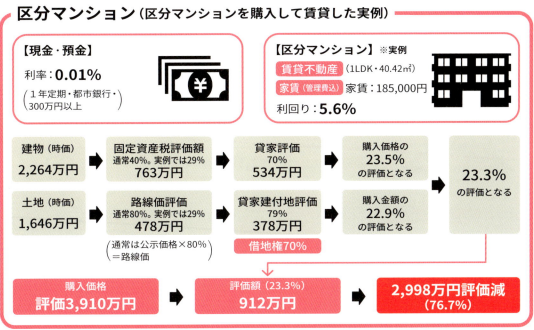

4章-2 経済面

財産を減らすこと＋評価を下げること②

相続税の算出方法を知っておこう

節税の基本③ 土地活用

　所有する土地を活用して賃貸アパートを建てる場合、土地は他人に賃貸している借地権と借家権をリスクと想定し、掛けた割合を引きます。

　この貸家建付地評価は約8割になります。建物は資産として増えますが、建物は固定資産税評価となり、借家権を掛けて7割になります。さらに、建築資金のための借入金は財産から差し引いて計算しますので、結果的にマイナスの方が大きくなり、節税になります。450㎡の土地に1億円借りて賃貸アパートを建てると、8,290万円の減額となり、税率50%であれば、相続税が4,145万円減らせます。

節税の基本④ 相続税の算出方法を知っておこう

　一般的な財産の評価や相続税の計算は、そう難しくはありません。財産を全部評価して足したり、引いたり、掛けたりするだけのシンプルな作業です。土地は路線価あるいは倍率で評価し、建物は固定資産税評価をします。

　現預金・有価証券は残高を確認し、生命保険の死亡保険金などを足し、ローンなどの負債は引きます。自宅土地3,500万円、建物500万円、駐車場4,500万円、空地4,500万円、預金7,000万円。生命保険、負債はなしの場合、財産は2億円です。

　相続人が子ども2人だと相続税は3,340万円です。現預金から相続税は払えますが、相続のときに半分は減ります。

相続税の算出方法を知っておこう

①相続人

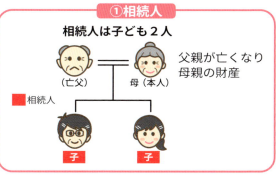

相続人は子ども2人
父親が亡くなり母親の財産

① 相続人を確認する
② 財産を評価し合計する
③ 相続税の計算をする

②財産

- 土地 3,500万円（路線価）
- 建物 500万円（固定資産税評価）
- 駐車場 4,500万円（路線価）
- 空き地 4,500万円（路線価）
- 預金・有価証券 7,000万円（残高証明書）
- 生命保険 0円
- 負債 0円（残高証明書）

財産合計 2億円

③相続税の計算

- 財産評価　2億円
- 基礎控除　△4,200万円（3,000万円＋600万円×2人）
- 課税財産　1億5,800万円

〈相続税の計算〉
7,900万円（子）×30％（税率）－700万円
＝1,670万円×2人
＝3,340万円

相続税 3,340万円

経済面

4章-3

財産を減らすこと＋
評価を下げること③

相続税の節税イメージを知っておく

相続税は節税できる･･･

| 特例 | 生命保険 | 土地活用 | 資産組替 |

節税対策のイメージはこうなる

相続になって財産が減ってしまうのは残念です。そこで生前に、それぞれの財産につき、対策を取ります。

②〜⑤につき、全部を実行すると財産評価は3,360万円となり、①の同居をしなくても基礎控除の範囲内の財産評価に変わります。相続税は0円となり、申告も不要になります。このように生前に対策をすることで相続税を減らすことは簡単にできるのです。

節税の基本

資産項目　　　　　　　　　　効果

1. 現金 vs 不動産 ➡ 不動産評価の特徴が節税効果となる

2. 区分マンション ➡ 現金よりも不動産のほうが評価が低い

3. 土地を活用 ➡ 賃貸不動産を建てると評価減できる

4. 相続税の算出方法を知っておこう
➡ 基礎控除を超えると相続税が課税される

5. 相続税の節税イメージを知っておく
➡ 生前に対策をすれば節税は可能になる

相続税の節税イメージを知っておく（相続人は子ども2人）

①自宅

①同居
- 建物　500万円
- 土地　700万円　<mark>同居する人がいると小規模宅地等の特例が使える</mark>
  （330㎡まで80%減⇒20%　3,500万円×20%＝700万円）

①自宅は同居していれば、小規模宅地等の特例を利用できます

②③預金

現金

②加入
- 生命保険　1,000万円の生命保険に加入
  非課税枠1,000万円＝0円

③購入
- 区分マンション　6,000万円の区分マンションを購入
  購入6,000万円×約30%＝1,800万円

②預金7,000万円のうち、1,000万円は生命保険に加入、一時払いします

③預金6,000万円で区分マンションを購入、賃貸します

④駐車場

駐車場

④活用・借入1億円
- 事業費　1億円（諸経費：1,000万円）
- 土地　3,690万円
  （4,500万円×貸家建付地82%＝3,690万円）
- 建物　2,520万円
  （9,000万円×固定資産税評価40%×貸家70%＝2,520万円）
- 合計　6,210万円

④駐車場には、1億円借入れして賃貸マンションを建築します

⑤空地

空地

⑤売却して区分マンション購入
- 土地　1,350万円
  （売却4,500万円×約30%＝1,350万円）

⑤空地は売却し、区分マンションを購入します

---

②～⑤実行後の差引合計　**3,360万円**　　基礎控除　4,200万円

↓

相続税 0円 ➡ 申告も不要（※②～⑤を実行すれば①同居しなくても相続税は0）

経済面の対策のポイント

83

相続で財産が減ってしまう①

1億円残しても相続税がかかると、
目減りしていく

現金も対策に使っておかないと減ってしまう

現金を残しても節税できない……現金も活用を考える

　かつては「土地」さえ持っていれば財産となる時代がありました。けれどもすでに「土地神話」は崩壊し、「土地は持ち続ければ値上がりする財産」という常識が崩れました。当然のごとく、財産の基準は「現金崇拝」へとシフトし、価値が変わらない「預金」が頼れる財産として位置づけられました。

　相談に来られる方の多くは、子どもや孫に残すため、自分たちは節約してでも、何千万円、中には億単位で貯めておられ、「相続税がかかっても現金があるから払えるので安心だ」と言われます。

　それなのに、その「預金」は、かつてないほどの低金利となり、増える時代ではなくなりました。相続になると貯めてきた「預金」にも相続税が課税されるため、納税のために減ってしまうという状況になっているのです。

　たとえば1億円の現金を1人の相続人が相続するときの相続税は1,220万円です。他に相続税の申告費用などもかかりますので、残りは8,500万円程だとすると、10カ月の間に財産の15％が減ってしまうということになります。

　このように現金は持っていれば増える財産ではなく、不動産などに投資して、節税しながら、収益を得る「投資する財産」だと考える必要があります。

預金は税務調査の対象になる……名義預金は相続財産

さらなるダメージもあります。最近の相続税の税務調査は、預金調査が中心なのです。それも、亡くなった人の名義だけでなく、家族名義の預金はほとんどが調査をされ、指摘を受けます。

なぜかというと、預金に課税されるのを避けるため、配偶者、子ども、孫など家族名義の預金口座を勝手につくって、自分のお金を移して相続財産から除外したつもりの「名義預金」が相当数あり、そうした「名義預金」は計画的な税逃れの口座だと指摘されて、追徴課税をされているのです。悪質な場合は脱税とされ、重加算税を課税されることもあります。

このように、相続税を節税するためでも、勝手につくった口座は、名義人に渡しても知らせていないため、贈与は成立しておらず、相続財産となり、申告をしないと追徴課税をされてしまいます。

このような状況から、財産を銀行預金で持つことは、節税できず、方法を間違うと税務調査の対象にもなります。預金で持つことは安心とは言えず、リスクもあると考えなければなりません。これは、株式などの有価証券も同様で、家族名義の株も預金と同様です。

検証　1億円を残しても相続で減ってしまう

1億円の現金を残して亡くなった場合の検証をしてみましょう。

相続財産	1億円
基礎控除	3,600万円
課税財産	6,400万円（1億円－3,600万円）
相続税	1,220万円（6,400万円×［税率30％］－700万円［控除］）
課税財産	8,780万円（1億円－1,220万円）

対策　現金を残しても節税できない

現金・預金を残しても節税できない
　　貯めておくだけではダメ……**利息は付かず、相続税が課税される**

名義預金、名義株は相続財産となる
　　配偶者、子ども、孫など他人名義の預金、株式などは相続財産となる

➡ **税務調査の対象**にもなりやすい

4章-4 経済面
相続税を節税できる6つの対策①
A.贈与 生前に配偶者や子どもに不動産を渡す

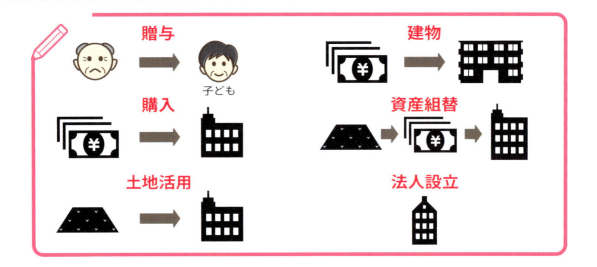

相続税を節税できる6つの不動産対策

「不動産」の大きなポイントは「利用の仕方で評価が変わる」ということです。額面が価値となる「現金」とは違い、不動産を活用することで評価を下げて節税を導き出します。

「不動産」を活用してできる節税対策は主に次の6つの方法があげられます。

- **贈与** 自宅を配偶者に贈与する・不動産を子どもに贈与する
- **建物** 現金を建物に替える
- **購入** 現金で不動産を購入する
- **資産組替** 土地を売却、賃貸不動産に買替える
- **土地活用** 土地に賃貸住宅を建てて賃貸事業をする
- **法人設立** 賃貸経営の会社をつくって資産増を回避する

節税効果を高めるためには、1つの方法だけでなく、いくつかを組み合わせる場合もあります。どの程度の節税が必要なのか、どの「不動産」を対策用に使うのかは、お一人おひとりの財産の内容や家族の状況によって、全部違ってきます。

不動産を活用した節税　A．贈与

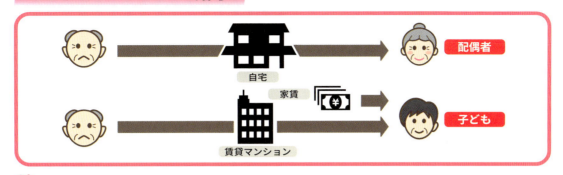

👉 贈与　自宅を配偶者に贈与する……配偶者の特例を活かして手軽な節税対策

配偶者の贈与の特例を利用して無理なく節税する

相続になれば、配偶者の権利は保護されており、財産の半分の権利がありますが、生前にも贈与の特例があり、婚姻20年以上の妻に居住用の不動産を贈与しても2,000万円までは贈与税がかかりません。通常の贈与を組み合わせると2,110万円までは贈与税がかからずに財産を受け取ることができます。

相続開始前3年以内に贈与された財産は、みなし相続財産として相続税を課税されますが、配偶者控除を受けた場合だと、みなし相続財産とはならず、除外されます。

登記や取得税がかかりますが、なんら形は変わらずとも、一番手軽で確実に節税できることです。贈与する土地と建物が2,110万円を超える場合は、評価に応じて持ち分を贈与するようにします。たとえば5,000万円の自宅であれば5分の2を妻、5分の3が夫になります。そのようにして夫と妻の共有の自宅を売却する場合、各人に3,000万円の特別控除が受けられますので、2人分合わせて6,000万円の特別控除が認められることになり、譲渡税も節税できるようになります。

👉 贈与　不動産を贈与する……現金よりも土地で贈与する方が有利

不動産は時価よりも低い路線価や固定資産税評価で評価されますので、より多くの価値分を贈与できるということです。たとえば都市部の場合、現在の地価は下落しており、将来上昇に転じることもあります。そうすると評価の低いときに贈与してもらうほうがよいと言えます。賃貸物件なら、贈与後の家賃収入も自分のものになり、節税効果と利用価値は大です。

住宅資金の贈与よりも住宅をもらったほうが得

相続税法上の建物の時価は固定資産税評価額、土地は路線価で決まるので、たとえば市場での時価が1億円の都心の土地と建物が、評価額は半分以下ということが普通にあります。

そのため、住宅購入資金として現金を生前贈与してもらうより、親が住宅を購入し、それを贈与してもらったほうが節税になります。

4章-5 経済面

相続税を節税できる6つの対策②

B. 建物 現金を建物代金に充てる
C. 購入 現金で不動産を購入

不動産を活用した節税　B. 建物

👉 **建物**　**現金を建物に替える**……自己資金で建てると節税になる

建物は固定資産税評価額となり半分以下の評価になる

　建物は、相続時には実際にかかった建築費用ではなく、固定資産税評価額で評価をされます。一般的に固定資産税評価額は、土地については時価の60〜70％（公示価格の70％）、建物については建築費の50〜70％ぐらいだとされていますが、現実の評価はこの割合以下のことが多く、建築費の半分以下になることが通常です。

建物は「親の現金」「親名義で建てる」ことが節税になる

　自宅を建てる場合に、誰の名義にすればいいかというご相談を多くの方からいただきます。住む方の状況にもよりますが、2世帯住宅を建てる際など、ローンは子どもの方が借りやすいからなどという理由で、親の土地に子ども名義で建ててしまうと親の節税になりません。節税対策という点では、現金の余裕がある場合は、建物代金に使うことで節税になります。

賃貸住宅に使うとさらに評価は70％になる

　建物を賃貸していれば貸家となり、借家人が存在する場合の家屋の評価額は、賃借人に一定の権利があるものと考えられ、借家権割合30％を引くようにします。そのため、固定資産税評価額の70％として評価されることになります。よって賃貸住宅の建築代金につき、借入ではなく現金で支払えば大きな節税となります。

不動産を活用した節税　C．購入

👆購入　資産は多額の現金より不動産で持つ
……現金で賃貸不動産を購入する

現金より不動産で持つほうが節税には有利

「賃貸不動産を購入すること」が節税するには効果的な方法です。現金を不動産に替えることによって評価が下がるからです。

現金1億円で賃貸マンションを購入すると評価は半分以下になる

建物5,000万円、土地5,000万円。合計1億円でマンションを購入し、賃貸した場合の相続税評価額は以下のようになります。

（1）建物の評価額（購入価額の30%の固定資産税評価額になる）

5,000万円 × 30% ＝ 1,500万円
賃貸すると『貸家』となって借家権割合が控除できるので

1,500万円 × 70% ＝ 1,050万円

（2）土地の評価額（購入価格の約80%）

5,000万円 × 80% ＝ 4,000万円
さらに賃貸すると『貸家建付地』となって借地権割合×借家権割合が控除できるので

4,000万円 ×（1 －（0.6 × 0.3））＝ 3,280万円

（3）建物と土地の相続税評価額

1,050万円 ＋ 3,280万円 ＝ **4,330万円**
　　（1）　　　（2）

物件購入代金で現金が1億円減少します。相続財産も1億円減少します。増える建物と土地の相続財産は4,330万円です。差し引き5,670万円が節税できたことになります。

4章-6 経済面

相続税を節税できる6つの対策③
D. 資産組替　不動産を売却、買替える
E. 土地活用　賃貸住宅を建てる

不動産を活用した節税　D. 資産組替

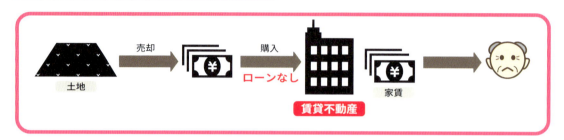

☞ 資産組替　相続した土地を守るより価値を上げて残す
……資産組替えする

土地を売却して建物に換える

広大な土地を所有する場合、そのままでは節税対策はできません。土地の一部は売却して、売却代金で建物を建てたり、賃貸マンションを購入したりし、収益を上げられる不動産に組み替えていくことで節税になるからです。

たとえば古アパートを所有しているが、賃料が安く、収益が上がらなくなった場合は、売却して、駅近郊の収益物件を購入することで、収益も改善されます。

所有他の立地を替えるために買替え

所有している土地が賃貸事業に適していないこともあります。賃貸にするのであれば、最寄駅からの距離が徒歩10分程度であることが第一条件です。周辺の住環境なども重要になりますが、所有地だけにそうした条件はいまから選べません。賃貸事業をするのであれば、適地であるかそうでないかを冷静に判断し、適さないとわかれば、その土地を売却して、別の方法で賃貸事業をするようにします。これが資産組替です。

賃貸するのであれば、最寄駅から近いことや周辺の環境や立地のブランドなどを選択基準にすると賃貸や売却にも有利になります。

不動産を活用した節税　E．土地活用

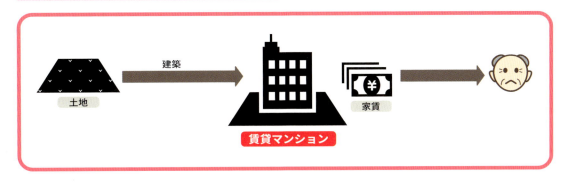

土地活用　賃貸住宅を建てて賃貸事業をする……残す土地は活用する

アパートを建てたら大きな節税になる理由

　所有する土地が賃貸事業に適していると判断された場合は、賃貸事業の収支計画が成り立つことを確認した上で、アパートやマンションを建築することで相続税は確実に大きく節税できます。多くの土地を所有する場合は、土地を活かして節税対策をすることが必要になりますので、土地を活かした賃貸事業は有力な選択肢と言えます。

　節税の仕組みは、①土地が「貸家建付地」評価となること、②建築費の借入を引くことができること、③建物が「貸家評価」になることの3つの要素から評価減となります。借地権60％の場合、借家権30％を掛け合わせた18％を賃貸のリスクとして引き、①「貸家建付地」の評価は82％の評価として計算します（借家権は一律30％ですが、借地権は地域により異なります）。③建物は固定資産税の評価額で計算をするため、建築費の時価の40％程度の評価となり、賃貸物件の場合は、さらに借家権30％を引いた70％評価となります。

小規模事業用宅地等評価減の特例も

　賃貸事業用地は、「小規模宅地等」の特例があり200㎡までは50％で評価をすることができます。居住用の特例が使えない場合は、賃貸事業を始めておくことも節税になります。

賃貸事業は収入の大きな支えとなる

　相続税の節税対策が主目的だとしても、適正な収益が上がる事業としてスタートすることが大切です。そうした見極めの上で賃貸事業に取り組むことができれば所有地から適正な収益が上げられ、しかも節税対策にもなり、土地本来の価値を活かすことができます。

4章-7 経済面

相続税を節税できる6つの対策④
F.法人設立 現金増を回避する

不動産を活用した節税　F.法人設立

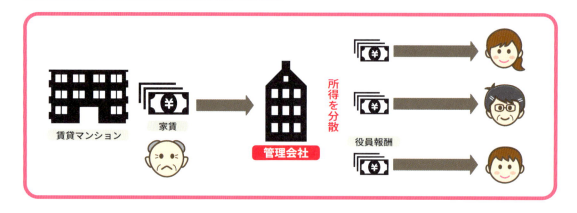

法人設立　賃貸経営の会社をつくる……資産増を回避する方法になる

不動産管理会社で現金増を回避

賃貸事業が順調に稼働し、家賃が入るようになると、次は所得税がかかりますし、いままで以上に収益が上がれば、現金が財産として残っていくことになります。賃貸マンションを建てた節税効果は確実にあるというものの、増える現金に対して相続税が課税されますので、それも防ぎたいところです。そこで、不動産管理会社をつくり、会社に家賃の一部を払うことで現金が増えることを防ぎ、所得税の節税にもなります。また、親族に役員報酬を払うことで、納税資金を貯めることもできるようになります。

サブリース方式と管理委託方式がある

この不動産会社を利用する方法には、自分の持っているアパート・マンション等を一括してその管理会社に貸付ける方法（サブリース方式）と管理会社にそのアパート・マンション等の管理をまかせる方法（管理委託方式）とがあります。

サブリース方式とは、管理会社に自分のマンションを一括して貸付け、その後、その管理会社が第三者に貸付けるという方法です。簡単に言ってしまえば「又貸し」です。

管理委託方式とは、不動産管理会社に不動産の管理をまかせて管理料を支払うという方法です。

所有方式もあるが節税効果は少ない

「所有方式」とは、土地は個人所有のままで、建物だけを会社が所有し、会社が建物オーナーとして第三者に賃貸する方式です。この場合は、建物を会社名義で建てるため、個人の建物はなくなります。節税対策として考えると、土地を同族会社に貸していることの減額のみで効果は少なくなります。

不動産管理会社の3つの運営方式

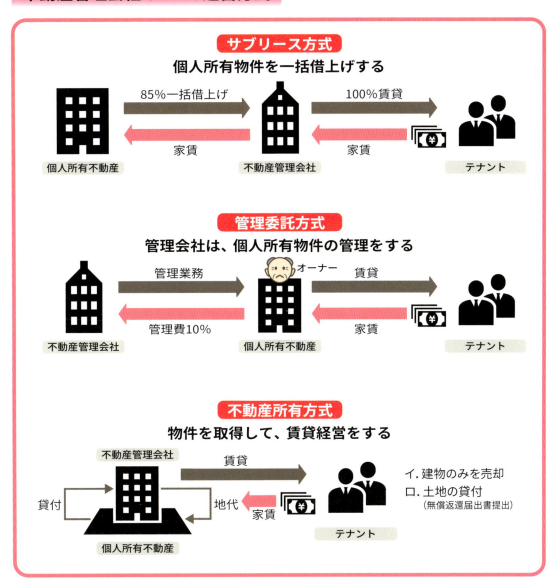

column

相続で財産が減ってしまう②
土地は建物を建てないと評価は下がらない

土地は建物を建てないと評価は下がらない

空地　　駐車場

駐車場では節税にならない……建物を建てないと評価は下がらない

　多くの土地を所有している資産家の多くは、親から相続した土地を売らずに維持していきたいと考えておられます。自分の代で減らすわけにはいかないということのようです。代々の土地持ち資産家であればなおさら、土地を守るのが家を継ぐ者の役目ということでしょうか。

　かつては土地持ちの資産家は羨望の的となる地域の名家でしたが、最近はとりまく状況が変わってきました。なぜなら、不動産を多く所有しておられる誰もが、申し合わせたように、「固定資産税が大変」と言われる時代になっており、支払いに苦慮され、税金の支払いの四苦八苦されている姿が垣間見えるようになってきました。

　今や土地持ちの資産家はうらやましいばかりの存在ではなくなりつつあるようです。

とりあえず「駐車場」にしても固定資産税は減らない

　固定資産税の捻出のためには、その土地から収益があがる事業をすることが望ましいでしょう。すぐに思い浮かぶのが、賃貸アパートとか賃貸マンションですが、それには建築費が必要になります。また、果たしてその土地で賃貸事業を始めていいのかという迷いもあるでしょう。いろいろと考え出すと、なかなか思い切って決断できないのが現状でしょう。

　結果、空地のままで持っている状況が続くのですが、そんなときでも、土地を持っているだけで固定資産税はかかるのです。苦肉の策で、とりあえず収入が入る「駐車場」にすることで、固定資産税の収入源にしている場合が多いのではないでしょうか。

駐車場では相続税も減らない

駐車場にして駐車料金が入っていたとしても、相続税は減らせません。駐車場には建物が建っておらず、更地ですので、空地とおなじ100％評価で、減額の要素はないのです。

けれども、アスファルトや砂利敷きにした貸し駐車場であれば、貸付事業用小規模宅地等の特例を適用することができ、200㎡を限度として50％の評価減を選択することが可能にはなります。

ただし、貸し駐車場が「貸付事業」となるには、賃貸契約書を作成して第三者に対して継続的に賃貸をしていること、機械式の立体駐車場やアスファルトなどの構築物が設置されていることが要件となります。砂利敷きの駐車場などは、特例が認められないこともあるため、注意が必要です。相続になったら納税のために売れるようにと考えて、駐車場にしてある場合でも、そのまま所有するのは無策と言えます。

駐車場では節税にならない

空地には税金がかかる
建物を建てて住まないと固定資産税は下がらない……**更地はダメ**

駐車場にしても節税できない
建物を建てて貸しておかないと評価は下がらない……**節税にならない**

建物を建てないと評価が下がらない

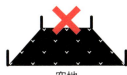
空地

駐車場

土地評価 100％

自宅

土地評価 100％
※小規模宅地等特例が適用されれば
330㎡まで80％減

賃貸住宅

土地評価 80％程度（借地の割合による）
※小規模宅地等特例が適用されれば
200㎡まで50％減

4章-8 経済面

不動産対策は収益ありき①
不動産が持ち出しでは負担になる

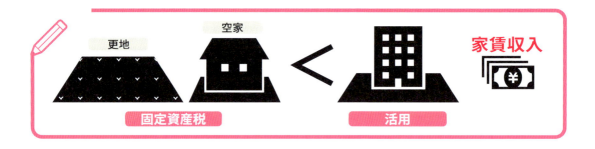

収益があってこそ財産の価値がある……持っているだけではマイナス財産

　現代は不動産の値上がりは期待できず、持っているだけでも固定資産税を払わなくてはなりません。使っていない空家、空地や農地、山林に対しても同様に固定資産税が課税されます。特に空家や空地など使っていない不動産は、その土地から収益が生まれませんので固定資産税分の持ち出しとなります。これが負担にならないわけはありません。

　地価や路線価が下がる時代であっても、固定資産税は徐々に値上がりし、今後も増税が予想されますので、負担は増え続けます。持っているだけでは価値が下がり続けるのに、負担は増え続けるというマイナス財産になります。これでは財産としての価値が半減すると言っても過言ではありません。

不動産を2つ所有しても持ち出し

　実例をご紹介します。Cさん（80代男性）は自宅と駐車場の土地を所有されています。高齢のために一人暮しをしていた自宅では無理が生じ、介護施設に入所されましたので、自宅は空家となりました。駐車場も半分程度しか借り手がありません。自宅の固定資産税は16万円、駐車場の固定資産税は69万円で、駐車場の収入48万円を差し引いても年間37万円が持ち出し状態となって負担になっています。

　このままでは不動産を所有していることがマイナス財産となります。けれども不動産を活用することで収益が上がり、プラスの財産とすることができるのです。実例のCさんの結果は次のようになりました。

相続プラン実例　80代の父親の生前対策のため子ども2人が行動した

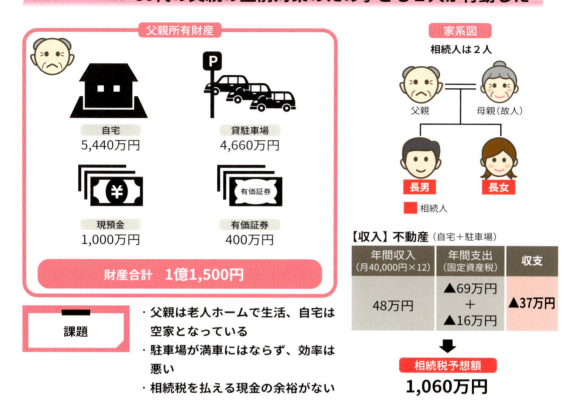

自宅をリフォームして賃貸……家賃17万円の貸家に

　自宅は空家のままでは特例も使えないため、リフォームをして貸家にすることにしました。築年数が経っているため、リフォーム代は500万円かかりましたが、すぐに入居者が見つかり、月17万円の家賃が入る貸家となり、小規模宅地等の特例も使えるようになりました。父親の現金をリフォーム代に充てることでも現金の消費は節税になります。

駐車場を売却して、収益マンションに資産組替……2つに分けて賃貸

　駐車場の土地は売却して換金し、その代金で区分マンションを2室購入しました。2つに分けて購入したのは、相続のときに分けやすくすることや立地や物件を変えてリスク分散する意味合いもあります。2室で月20万円の家賃が入るようになりました。

相続税0になり、収益は年間444万円に増えた

　Cさんが相続対策を決断された結果、空家が貸家となり、駐車場が区分マンションに代わりました。結果、1,060万円と試算された相続税は0となり、持ち出しだった不動産から年間444万円の収益が得られるようになりました。相続税の節税対策により不動産の収益が得られるようになり、マイナス財産から価値のあるプラス財産に変わりました。

4章-9 経済面

不動産対策は収益ありき②
賃貸事業は収支バランスを考える

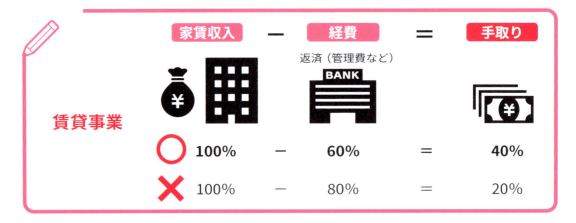

賃貸事業は収支が合う計画が大事……借金ありきの節税対策では不安

　土地を残しながら相続対策をするためには、賃貸住宅を建てて貸すことが節税効果の高い方法となります。相続になったときに建築資金の借入はプラス財産から差し引くことができ、土地や建物が貸家評価となり、確実に節税効果は得られるのです。

　しかし、賃貸事業の目的が、相続税の節税対策だけになっていては危険です。相続はいつになるかわかりませんが、建築費は高額である上に借入期間は30年ほどもあります。鉄筋コンクリートの建物を建てた場合は少なくとも50年は持ちます。ほどなく相続になったとしても、賃貸事業をそこでやめるわけにはいきません。とにかく長丁場なのです。

　そうした長期事業を想定すると、賃貸事業を始めるときに収支バランスが取れる計画にする必要があるということです。「借金しておけば相続対策になる」というのでは不安です。

入居者に選ばれる賃貸住宅

　これから賃貸事業に取り組むのであれば、サブリースに頼らずに入居者が確保できることが大切です。その土地が賃貸住宅に適しているかの見極めが第一です。次に入居者に選ばれる魅力ある賃貸住宅づくりをしておくことが大切で、間取りや設備や外観などに特徴があり、他と差別化するように考えます。その後も賃貸事業を継続する中でメンテナンスなど、こまめにしておく必要があります。借入れして賃貸住宅を建てさえすれば対策ができるということではありません。

家賃から返済しても４割残る

　賃貸事業を始める場合、建築資金は金融機関からの借入をすることが大半です。そうなると返済をしなければなりませんので、返済できる家賃設定であることと、返済しても手元に40％程度は残るような収支バランスを目安にします。

　たとえば、45㎡（13.6坪）の１ＬＤＫを10世帯建てるとして、建築費は9,000万円、諸費用を含んで総事業費の１億円を全額借入れしたとします。家賃は地域により違いますが、１世帯８万円だと仮定すると、事業収支は次のような計算になります。

　家賃収入　　800,000円

　借入返済　　369,619円（46.2％）借入期間30年、利率２％　元利均等返済

　管 理 費　　 43,200円（5％＋税）

　月額手取り　387,181円（48.4％）

　これが月額収支の目安です。ここから固定資産税や修繕費、清掃費、設備のメンテナンス費用等がかかりますが、事業計画を立てるときの基準とします。

収支のバランス……建築費、家賃、管理費

　賃貸事業の収支は、家賃収入から建築費の借入返済や管理費などの経費を引いて算出します。家賃相場があるため、かけ離れた設定はできません。そのため、収支バランスを保つためには建築費を適切な範囲にしていくことで調整することになります。

　たとえば、家賃がそのままで、建築費が１億2,000万円になった場合と、１億5,000万円になった場合の収支は下記のように変わります。事業費が増えると借入金が増え、返済額が増えることで手取額は減ります。固定資産税の納付や修繕費の支出、積み立てを考えると、なるべく手元に多く残るのが望ましく、家賃の半分から６割くらいまでに返済を抑えるほうが安心できます。そうした収支のバランスを考慮して、建築費や借入額を決めていくようにしましょう。

◆建築費１億2,000万円の場合◆

　家賃収入　　800,000円

　借入返済　　443,543円（55.4％）　借入期間30年　利率２％　元利均等返済

　管 理 費　　 43,200円（5％＋税）

　月額手取り　313,257円（39.1％）

◆建築費１億5,000万円の場合◆

　家賃収入　　800,000円

　借入返済　　554,428円（69.3％）　借入期間30年　利率２％　元利均等返済

　管 理 費　　 43,200円（5％＋税）

　月額手取り　202,372円（25.2％）

column

相続で財産が減ってしまう③
賃貸事業は満室経営が理想

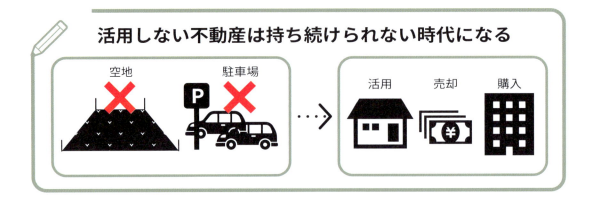

余分な土地は持てない時代……空地の税金は安くならない

　首都圏では徐々に土地評価が値上がりに転じているとはいえ、全国的に見ると、土地の値上がりは期待しにくく、まだ下がることも想定されます。目に見える「土地」の実態に変わりがなくても、「評価額」という価値が目減りしていくのです。

　いままでは多くの土地を所有することが資産家の証であり、財産でしたが、固定資産税や維持費を考えると、これからは、収益力のある土地が財産であり、収益力がない土地は不良資産となりかねません。数よりも質にこだわって、選別していく時代になりました。余分な土地は持てない時代になったと言えます。

対策　余分な土地、不動産は持たない

持ち続けるより資産の活用や組替を検討しよう

➡

処分して別の不動産に替えることで節税できる

空家は要注意……優遇措置撤廃で**固定資産税が6倍**になる
（空家等対策の推進に関する特別措置法）

空室だと節税できない……満室経営が節税になる

　空地にアパートやマンションを建ててさえおけば、相続税の節税になると思っている人は多いでしょう。しかし、これには注意しなければいけないことがあります。それは、入居者がいるか、サブリース契約をしていなければならないということです。もっと言えば、家賃を受け取って、税務署に申告、納税をしていなければ貸家評価ができないということになります。

　全室が空家でない場合はというと、評価減が得られるのは、貸している部分だけとなります。たとえば、10室のうち入居者があるのが5室、残りの5室が空室となったままのアパートで、いずれ壊すつもりでリフォームもせず、募集もしていなかったという場合は、「貸家建付地」は敷地の半分となるのです。

小規模宅地等の特例も賃貸が条件

　また、貸付用の土地であれば「小規模宅地等の特例」を適用することができ、200㎡まで評価を50％減額することができるのです。しかし、これも貸家評価と同様に、現実に賃貸していることを前提とします。空室部分には、特例も使えません。貸家の形はあっても節税効果は少なくなるということです。

　こうした状態で相続になっても、節税効果が得られません。賃貸住宅が建っているので節税になると思い込んでいる方も多いかもしれませんが、節税するには、満室経営が必要なのです。

賃貸住宅は満室経営しておかないと節税効果なし

対策　空室だと節税できない

賃貸住宅は満室経営で節税になる
建物が建っていても空室では効果がない……更地と同じ
↓
サブリース（一括借上げ）は満室となる
家賃を受け取って申告をしていれば貸家となる

賃貸していれば貸家評価となり、特例が使える
小規模住宅地等の特例で200㎡まで50％評価減できる

5章

相続になってからでも
節税のチャンスは残されている

5章-1 相続後も節税できる①
「評価を下げる」＋「納税を減らす」の組み合わせ

相続後も評価を下げる

　相続になったらもう節税はできないと思う方が大半だと思いますが、そうではなく、相続になってしまってからでも相続税を節税することができるのです。その方法としては「財産評価を下げること」と「納税を減らすこと」の組み合わせによって実現できます。

　「財産の評価を下げること」は、"申告の評価を下げる"ことです。評価を下げれば相続税も下がります。亡くなってからでも評価を下げることができる財産として、主なものは不動産です。不動産でも、特に、「土地」の評価の仕方はひとつではなく、いくつかの方法があります。また、「土地」そのものがどれひとつとして同じものはなく、個々に状態が違い、マイナス要因がいくつも見つけられることがあります。土地の現実の状況を評価に反映できれば、評価減を引き出すことができ、相続税も節税できます。

　また、他の財産でも評価を下げる要因が見つかることもあります。そうした個別の状況を引き出し、確認することで、減額の要素をひとつだけでなく、2つ、3つと積み重ねていくことで、"申告の評価を下げる"ことができ、合法的に相続税を安くできるのです。

相続後は納税を減らす

　相続税を節税する方法の2つめは、「納税を減らすこと」です。「配偶者の税額軽減の特例」が最たるもので、「農地の納税猶予」も納税を減らす選択肢となります。

　このように「評価を下げること」と「納税を減らすこと」の組み合わせで、相続税を安くするのです。また、相続税の節税は、「遺産分割」「評価・申告」「納税」のタイミングで検討して選択していきますので、サポートをする専門家のノウハウや実務経験により、導き出させる要素が大きいと言えます。

手続きの流れを知っておこう

　相続になってからの手続きは、被相続人や相続人の意思やご家族の事情などにあわせて、「経済面」（節税対策や土地の有効利用などの金銭的メリット）と「感情面」（家族間のトラブル回避）の両面を配慮して、いくつもの選択肢の中から最良のストーリーを実現できるようにします。相続実務は、主に次のようなプロセスによって進めていきます。

手続きの流れ

事前準備	ステップ1　誰に相談するか？　で相続の道筋がかわる［相続の専門家の選定］
	ステップ2　財産は全部でいくら？　財産状況の把握［相続財産・債務の確認・法定相続人の確認、遺言書の確認］
現地調査	ステップ3　専門家チームを選び財産を個別に確認［不動産の現地調査］
	ステップ4　相続財産は全部でいくらあるのか？　評価と税額の検証［財産評価と相続税額の算出と検証］
対策検討	ステップ5　どんな節税策がとれるのか？　効果的な節税方法の策定［節税案の提案と検討］
	ステップ6　誰にどれぐらいの財産が分けられるのか？［分割案と納税案の検討、決定］
	ステップ7　家族で話し合いスムーズに節税を引き出す［遺産分割協議書作成］
申告・納税遺産分割	ステップ8　いざ申告、納税のための資金を準備［相続税の申告書作成、申告、相続税の納税］
	ステップ9　名義替え（不動産登記、預金等）、遺産分割はもれなく進める
2次対策	ステップ10　2次相続に備え、生前の節税策を検討する［今後の生前対策の検討］

相続後の節税項目

財産	評価を下げて節税	財産を減らして節税
現金	✕ 要注意　名義預金が増える	✕ （寄付は○）
株	✕ 要注意　名義株が増える	✕ （寄付は○）
生命保険	△ 非課税枠がある（500万円×法定相続人数）	✕
不動産	○ 土地評価（広大地、不整形、接道、特殊要因など）　○ 分筆（取得者ごとに分ける）　○ 小規模宅地等の特例　○ 時価評価（売買価格）　○ 鑑定評価	✕ （寄付は△）
納税の減額	配偶者の税額軽減	評価を下げて節税

ここがポイント

相続後の節税は「評価を下げる」＋「納税を減らす」の組み合わせで実現

5章-2 相続後も節税できる②

遺産分割の仕方で変わる 特例が使えると違う

小規模住宅等の特例が使える分け方

同居 OK 80%減 < 同居なし NG 100%評価

　遺言書がない場合は、相続人全員で遺産分割協議をして財産の分け方を決めますが、このときの相続の仕方により、相続税が変わってくる要素があります。全員の合意が得られるのであれば、できるかぎり相続税が減らせる方法を選ぶことで納税の負担は減らせます。

　相続税の節税を引き出す方法となるのは、小規模宅地等の特例を使い、土地の評価を下げることですが、相続する人が要件に該当するか否かで変わります。つぎに土地を分筆して、地形と所有者が変わる場合は評価が下がります。また、配偶者の税額軽減をどの程度適用するかによって、納税額が変わります。

①自宅の土地評価
- 配偶者、同居する子・家なき子 → 80%減
- 同居なしの子 → 100%

→ 同居なしの子が相続しても節税できない（「家なき子」は除く）

②自宅よりも賃貸住宅の土地を優先的に
- 自宅　150,000円/㎡×330㎡×80%＝39,600,000円
- 賃貸　450,000円/㎡×200㎡×50%＝45,000,000円

自宅ではなく、賃貸住宅土地に適用した方が節税額が大きいため、選択する

① 小規模宅地等の特例の使い方で変わる① 　誰が相続するか → 評価を減らす
② 小規模宅地等の特例の使い方で変わる② 　どこに適用するか → 評価を減らす
③ 土地を分筆することで減額になる → 評価を減らす
④ 配偶者税額軽減の特例を利用する → 納税を減らす

小規模宅地等の特例適用可否判別表

【自宅に特例を適用する場合】

亡くなった方の自宅	相続した人	申告期限まで	
		売らない	居住を継続
亡くなった方の自宅	配偶者	配偶者は無条件で適用できる！	
	同居親族	〇	〇
	持家のない親族※	〇 配偶者または他に法定相続人の同居がいないこと	居住要件なし
生計一親族の居住用	生計一親族	〇	〇

※平成30年4月1日以降は、相続開始前3年以内に相続した人、その配偶者、三親等内の親族または、相続した人と特別の関係がある法人が保有する家屋に居住したことがないこと

【事業用地に特例を適用する場合】

		相続した人	申告期限まで	
			売らない	事業を継続
特定事業用宅地等	被相続人の事業用	事業を引継ぐ親族	〇	〇
	生計一親族の事業用	生計一親族	〇	〇
貸付事業用宅地	被相続人の貸付事業用	貸付事業を引継ぐ親族	〇	〇
	生計一親族の貸付事業用	生計一親族	〇	〇

ここがポイント

- ・節税効果が大きい遺産分割にする
- ・評価減が大きいほうを選択できる（自宅 or 賃貸）

5章-3 相続後も節税できる③

評価・申告の仕方で変わる
徹底的に節税評価をする

不動産評価が下がると → **節税**

高低差	広大地
道路	高圧線
がけ地	特殊事情

　土地の評価は現況を確認することにより、減額の要素が見つけられます。たとえば、不整形地やがけ地を考慮することによって整形で平坦な土地よりは評価は下がります。道路に接していない無道路地だったり、セットバックが必要な土地も評価が下がります。

　また、一体の土地を自宅や賃貸住宅や貸家など違う目的に利用していれば、利用区分ごとに土地を測量することで一つひとつは不整形地になることが多く、減額の要素となります。さらには、区画整理、都市計画道路、高圧線下などの特殊事情により、土地の利用を制限されていることがあれば考慮することで減額につながります。

　面積が大きな土地は一定の条件が該当すれば地積規模の大きな宅地評価を適用することができます。また、通常は路線価評価が原則ですが、市場価値と大きくかけ離れていることも多く、取引事例をもとにした鑑定評価を相続評価として申告することも可能です。

　家庭用財産や骨董品などの評価や贈与現金やタンス預金などをどのように申告するかは、相続人や評価する人の裁量によるところがありますので、評価の仕方を工夫することで節税につながる方法や要因を見つけるようにします。

不動産の評価を減らす項目

① 測量をして**面積、地形**を確認する
② 道路の状態で評価減する……**無道路地**
③ 道路の状態で評価減する……**私道、セットバック**
④ **がけ地、傾斜地等**の現況を評価する
⑤ **高圧線下の土地**は減額できる
⑥ **区画整理中の土地**は減額要素がある
⑦ **地積規模の大きな宅地評価**を適用する
⑧ **鑑定評価**を採用する
⑨ **路線価評価**で売れなかった土地は減額できる
⑩ **特殊な事情**は評価に反映させる

不動産の評価を減らす項目例

①高低差のある土地

高低差のある土地の場合、高低差により土地を活用しにくいため、利用価値が著しく低下しているという理由で**10%減額**されます

②無道路地の評価

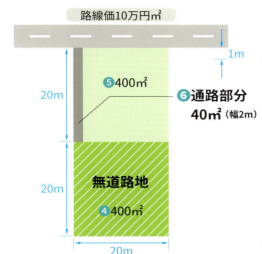

道路に面している場合の評価額
10万円 × 400㎡ = 4,000万円

❹ + ❺ − ❺
10万円 × **0.92** × 800㎡ = 7,360万円
　　　　　└ 奥行き価格補正率

7,360万円 − 10万円 × 400㎡ = **3,360万円**　❹+❺

3,360万円 × **0.71** = **2,385万6,000円**
　　　　　　└ 不整形地補正率　　❺

通路部分の価格　10万円 × 40㎡ = **400万円**　❻

2,385万6,000円 − 400万円 =

❺ − ❻ = **1,985万6,000円**（評価額）

③セットバックが必要な土地の評価

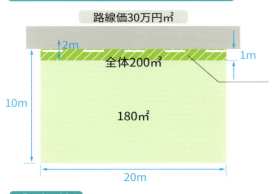

元の土地の評価額
30万円 × 200㎡ = 6,000万円

セットバックが必要な土地20㎡

30万円 × 180㎡ = 5,400万円……❶
30万円 × 20㎡ × **30%** = 180万円……❷

❶ + ❷ = **5,580万円**（評価額）

④がけ地

総面積における**がけ地**の面積の割合は

$$\frac{30㎡}{300㎡} = 0.10$$

がけ地の割合が**0.10以上0.20未満**、**北斜面のがけ地補正率は0.93**

通常の土地の評価額　30万円 × 300㎡ = 9,000万円

がけ地適用の評価額　30万円 × 0.93 × 300㎡ = **8,370万円**（評価額）

630万円の評価減

不動産の評価を減らす項目例

⑤高圧線下

建築制限があるため**30〜50%**（または借地権割合）の評価減

⑦地積規模の大きな宅地評価

平成30年からは「地積規模の大きな宅地評価」が新設され、規模格差補正率による評価に変わりました。「規模格差補正率」は、土地の大きさを考慮して減額するための補正率です。

地　積	○三大都市圏500㎡以上あること ○その他1,000㎡以上あること
路線価で定める地区区分	○普通住宅地区に存すること ○普通商業・併用住宅地区に存すること
都市計画法で定める用途地域等	○市街化調整区域以外に存すること（ただし、宅地分譲開発可能な土地は可） ○工業専用地域以外に存すること
容積率	○**400%**（東京特別区は300%）以上の地域でないこと（なお、前面道路幅員等は考慮されない）

地積規模の大きな宅地の評価額 ＝ 路線価 × 各種補正率 × 規模格差補正率 × 地積

$$規模格差補正率 = \frac{Ⓐ \times Ⓑ + Ⓒ}{地積規模の大きな宅地の地積……Ⓐ} \times 0.8$$

イ　三大都市圏に所在する宅地

地区区分		普通商業地・併用住宅地区、普通住宅地区	
地積（㎡）	記　号	Ⓑ	Ⓒ
500以上　1,000未満		0.95	25
1,000以上　3,000未満		0.90	75
3,000以上　5,000未満		0.85	225
5,000以上		0.80	475

ロ　三大都市圏以外の地域に所在する宅地

地区区分		普通商業地・併用住宅地区、普通住宅地区	
地積（㎡）	記　号	Ⓑ	Ⓒ
1,000以上　3,000未満		0.90	100
3,000以上　5,000未満		0.85	250
5,000以上		0.80	500

⑩特殊な事情のある土地の例

土地汚染のある土地
→
評価額＝
汚染がない場合の評価額 －
使用収益制限減価 －
心理的要因の減価

文化遺産が埋まっている土地
→
通常の評価額 －
発掘調査費用の80%

近隣に墓地がある土地
→
10%評価減

ゴミ焼却場が近隣にある土地
→
10%評価減

高速道路に接する土地
→
10%評価減

電車の線路や踏切に隣接する土地
→
10%評価減

5章-4 相続後も節税できる④

納税のときも節税できる
余分な税金を払わない

納税を減らす

 配偶者の税減軽減の特例 ＋ 農地の納税猶予 農家 終身営農

　納税を減らせる大きな要素は「遺産分割」とも連動している「配偶者税額軽減の特例」です。配偶者は財産の半分、あるいは1億6,000万円までは無税とする特例があり、配偶者の取得割合を増やすことで納税額を減らすことができます。ただし、2次相続での納税額も確認しながらトータルな納税額を確認しながら決めるようにします。

　もうひとつの特例は「農地の納税猶予」です。相続人が営農する農地は納税を猶予するというもので、農地のまま維持したい場合は選択することで納税を減らせます。

　相続税は申告期限までに一括納付が原則ですので、土地を売却する場合であれば期限までに売却してしまうことも余分な利息の節税になります。

配偶者の税額軽減

　相続税の配偶者軽減とは、配偶者の今後の生活を保障するとともに、夫婦で財産を築いてきた点を考慮して設けられた制度。

　相続税の申告時、配偶者が実際に取得した財産が**法定相続分**または**1億6,000万円**のどちらか多い金額までは、配偶者に相続税がかからない。

配偶者の法定相続分と 1億6,000万円どちらが多いか？	税額軽減の対象
配偶者の法定相続分のほうが多い	**法定相続分までは無税**
1億6,000万円のほうが多い	**1億6,000万円までは無税**

111

6章

相続対策実践編
実例を知ってイメージを作る

6章-1 公正証書遺言

子どもがいない夫婦は遺言書が必要

相続人は互いの兄弟姉妹になる

相続人関係図

遺言作成者
夫・**坂本さん**（50代・大学教授）
妻・**洋子さん**（50代・コンサルタント）

推定相続人 弟2人

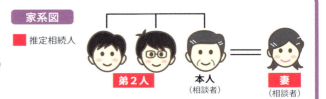

家系図：推定相続人（弟2人）／本人（相談者）／妻（相談者）

家族と相続の状況

同級生夫婦で、共稼ぎ。子どもには恵まれなかった

坂本さんは国立大学の大学院の修士課程で学び、博士号を取得しました。現在は私立大学の教授として毎日学生に接しています。学生だけでなく社会人教育にも力を注いでおり、セミナーで活躍するとともに、書籍も出版しています。

坂本さんご夫婦は高校の同級生で、知り合ってから40年近くなります。子どもに恵まれなかったこともあり、互いに助け合っていまの生活を築いてきました。

実家を離れて独立したあと、現在の住まいを購入し、その後、妻が仕事場にしているマンションも購入しましたが、両方とも夫婦の共有名義です。坂本さんの妻もファッション関係の仕事を持っており、ずっと仕事をしてきました。子どもがいれば違った生活だったかもしれませんが、そのお陰で2カ所の不動産を買うことができたのです。

2人ともまだ50代ですが、そろそろ先のことも考えないといけない年代になりました。夫婦で築いた財産は、自分の意思できちんとしておきたいという気持ちになり、ご夫婦で相談に来られました。坂本さん夫婦はともに弟がいます。

坂本さんの財産

自宅（共有1/2）	1,000万円
マンション（共有1/2）	750万円
預金	800万円
証券	500万円
保険	1,000万円 （生命保険非課税枠1,000万円）
借入	△500万円
合計	3,550万円
基礎控除	4,800万円
課税価格	0万円
相続税予想額	0円

※妻も同程度の財産あり

遺言の内容……遺言者：坂本さん（妻も同内容を別に作成）

```
遺言書事例①　遺言公正証書

遺言者　坂本は下記のとおり遺言する。
第1条　遺言者は、その所有する下記の不動産の共有持分の全
部ならびに遺言者名義の預貯金及びその他一切の財産を遺言者
の妻洋子に相続させる。
　　　　　　　　　　記
不動産の表示
　（1）所在　○○県○○市○○
　　　地番　○○番○
　　　地目　宅地
　　　地積　○○㎡
　　　遺言者の共有持分　4分の3
　（2）所在　○○県○○市○○
　　　家屋番号○○番○の○
　　　種類　居宅
　　　構造　木造スレート葺2階建
　　　床面積　1階　○○㎡
　　　　　　　2階　○○㎡
　　　遺言者の共有持分　4分の3
　（3）所在　○○県○○市○○
　　　建物名称　○○○
　　　構造　鉄筋コンクリート造陸屋根11階建

　　　地積　○○㎡
　　　専有部分の建物表示
　　　家屋番号○○番○の○
　　　建物名称○○○
　　　種類　居宅
　　　構造　鉄筋コンクリート造1階建
　　　床面積　○○階部分　○○㎡
　　　遺言者の共有持分　4分の3

第2条　遺言者は、本遺言の遺言執行者として遺言者の妻洋子
を指定する。なお、遺言執行者は、本遺言の執行に必要なすべ
ての権限を有するものであり、預貯金その他の財産の名義変更、
払戻し、解約、貸金庫の開扉等を行うことができるものである
ことを念のため申し添える。
付言事項　私は、妻と助け合い、支え合って、充実した人生を
送ることができました。よって、私の財産のすべては妻に託す
ため、本遺言書を作成致しました。
　いままでともに歩んでくれた妻には心から感謝するとともに、
私亡き後の妻の人生が心豊かなものであることを切に願います。
本当にありがとう。
　　平成○○年○月○日　○○県○市○○
　　　　　　　　　　　　　　　遺言者　坂本○○
```

遺言書をつくる理由
……配偶者の兄弟姉妹に財産を分けるのは理不尽。争いも避けたい

　坂本さん夫婦のように、子どもがいない場合は、どちらかが亡くなったとき、相続の権利は、亡くなった人の親や兄弟姉妹も及びます。親から相続した財産であればまだわからなくもないのですが、2人で少しずつ築いた財産についても法律だからと言って助けてもらったわけでもない兄弟姉妹に相続させることは納得しがたい気持ちです。

　自分の兄弟姉妹ならまだいいのですが、配偶者の兄弟姉妹となるとそもそも他人ですから、感情論にもなりかねません。それを避けたいのが2人の本心です。

　そこで坂本さん夫婦は、互いに「全財産を配偶者に相続させる」とした公正証書遺言を作成しました。これで相続になっても相手の兄弟に気を遣わなくてもよくなったと、ほっとしたとのこと。相手の兄弟と財産の話をすることは避けたいというところでしょう。

ここがポイント

- 子どものいない夫婦は遺言書が必須の時代。話し合って同時につくっておくようにしたい
- 遺言書があれば兄弟姉妹と話し合うことなく相続手続きができる
- 兄弟姉妹には遺留分の請求権がない

一口メモ　【遺言がないと困ること】
- 子どもがいない夫婦の相続人は配偶者と親あるいは兄弟姉妹となる
- 自分で築いた財産でも遺言がないと配偶者が全部を相続できない
- 夫婦で築いた財産でも兄弟姉妹に明らかにして分割が必要になる

6章-2 公正証書遺言

海外の息子よりも世話をしてくれる長女に託したい

妹は兄に勝てないという力関係を遺言書でカバー

相続人関係図

- 遺言作成者　父・前川さん（70代・無職）
- 推定相続人
  - 長男（40代・会社員・海外に永住予定）
  - 長女（30代・主婦）

家系図
- ■ 推定相続人
- 本人（相談者）― 妻（故人）
- 長男、長女

家族と相続の状況

父は単身で生活。海外生活をする長男には頼れない。

前川さんは妻に先立たれ、現在独り暮らしです。前川さんの年代では、長男が親と同居して、面倒を看るのが当たり前の時代でしたが、長男は家族とともに海外で生活しており、永住権も取得しているので、日本に帰る気持ちはなさそうです。

そうしたことで、自ずと、娘に助けられている状況です。他県に嫁いでいますが、子育ての最中で忙しいときでも、前川さんを心配し、定期的に様子を見に帰ってくれます。

前川さんの財産

自宅	1,500万円
預金	8,000万円
保険	1,500万円（生命保険非課税枠1,000万円）
合計	1億1,000万円
基礎控除	4,200万円
課税価格	5,800万円
相続税予想額	770万円

遺言をつくる理由① ……苦労せずに相続手続きができるようにしておきたい

妻は急な山の事故で亡くなったため、遺言はありませんでした。妻の財産は預貯金だけで、相続税の申告は不要でしたが、それでも預貯金の名義を替える相続の手続きが必要です。前川さんだけでなく子ども2人の書類も必要になり、特に海外にいる長男には領事館に行ってサイン証明書をもらわないといけないなど大変な思いをしました。自分のときは苦労を掛けたくないという気持ちから、自分が公正証書遺言を作成しておくことで、相続手続をスムーズに進められるようにしておきたいと考えました。

遺言をつくる理由② ……長男は権利意識が強い

　妻が亡くなったとき、長男は葬儀にも参列しなかったのに、財産については法定割合をもらうと言って折れずに、結局、主張した預金の4分の1を持って帰りました。この姿を見ているので、自分が亡くなったときには、同居も世話もしなかった長男が、財産の半分を要求することは明らかです。娘は老後の世話やお墓の管理をすると言ってくれていますので、老後は娘が頼りです。なるべく長女に財産が残るような配分として遺言書をつくっておかないとやさしい娘は兄に勝てないと思い、娘を守るためにも遺言書が必要だと思いました。

```
遺言書

遺言者　前川は下記のとおり遺言する。
　第1条　遺言者は、遺言者所有の下記の不動産（土地及び建物）、
預貯金及び現金等一切の財産（ただし、第2条で長男哲也に相
続させるとした株式を除く。）を、遺言者の長女直美に相続させる。
　　　　　　　　　記
　1．（土地）
　　所　　在　○○市○区○○丁目
　　地　　番　○番○
　　地　　目　宅地
　　地　　積　○○㎡
　2．（建物）
　　所　　在　○○市○区○○丁目○番地○
　　家屋番号　○番○
　　種　　類　居宅
　　構　　造　軽量鉄骨造スレート葺○階建
　　床面積　1階　○○㎡
　　　　　　2階　○○㎡
　3．（預貯金）
　　①○○銀行○○支店
　　②○○信託銀行○○出張所
　　③○○銀行　（以下中略）
　第2条　遺言者は、遺言者の医療費、葬儀代、改葬代等の債
務を遺言者の長女直美に負担させる。
　第3条　長女直美は、第1条に記載した全財産の評価額（た
だし、土地については路線価、建物については固定資産税評価
額による）から第2条の全債務額を控除した残額の3割を、遺
言者の長男哲也に対して代償金として支払うものとする。
　第4条　遺言者は、祖先の祭祀を主宰すべきものとして前記
長女直美を指定する。
　第5条　遺言者は、本遺言の執行者として前記長女直美を指
定する。
　付言事項
　長男哲也が外国へ移住し、残された唯一の肉親である長女
直美は、遠く離れた場所へ嫁ぎ、3人の幼児を育てる身であ
るが、独り身となった私のことを案じ、これから先何かあっ
たら全ての責任を負って面倒をみてくれると約束してくれた。
したがって、この誠意と苦労をかけるであろう事に対して、相
当の感謝の意を表すために上記の遺言をした。
　急死しても、長期に亘る病気治療を経ての死亡にしても、大
変な苦労を要する。これらを総て長女直美が負担せざるを得な
いのが現実であり、金銭的に測るのは難しいが、出来得る範囲
で配慮した。長男哲也が、上記取得割合に対し不満を感じ、兄
妹が争うことのないよう願う。海外にいる長男哲也には、不動
産管理等の困難もあるので、現金で渡すよう考慮した。文化も
生活環境も違う不慣れな海外での生活を案じており、少しでも
足しにしてもらいたい。

　　　　　　　　　　　　　　平成○○年○月○日
　　　　　　　　　　　　　　○○県○○市○区○○●-●-●
　　　　　　　　　　　　　　遺言者　前川○○
```

ここがポイント

・身の回りの世話をする長女に財産を残すには遺言を残しておくことが必要
・遺言執行者を指定しておけば、遺言の正本で相続手続ができる
・長男には遺留分に抵触しない範囲で、現金を残す配慮をする

一口メモ　【遺言がないと困ること】
　・長男は法定相続分の2分の1の財産を相続するつもりでいる
　・分割協議になれば長女に財産を多く残すことはかなわない
　・妹である長女は兄の理屈には勝てないため、遺言がないと勝ち目がない

6章-3 民事信託

信託契約をしておくと認知症でも対策できる

後見人をつけると節税対策できない

相続人関係図

父親（80代）・**母親**（80代）
長男・**豊島さん**（50代・会社員）・**妹**（40代）

信託契約者　父親
受託者　長男

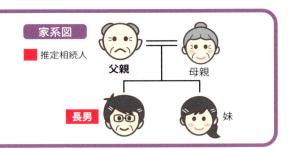

家系図
■ 推定相続人
父親　母親
長男　妹

家族と相続の状況

父親は要介護、母親は認知症気味

豊島さんの父親は家で転倒して歩くことが困難になり、要介護となりました。いまは介護施設に入所しています。母親は自宅で生活をしているものの認知症気味です。このままでは大変になると感じて、将来の相続で困らないようになにをすればいいのか、相談に来られました。

豊島さんから状況を聞いてお勧めしたのは、今後のことを父親に代わって信託された長男が実行できるという契約をしておくことです。豊島さんは両親の様子から、すぐに相続にはならないかもしれず、長くなれば費用の捻出に苦慮すると感じ、「民事信託」が必要だと決断されました。両親と妹にも説明し、進めようということになって、後日、契約が整いました。契約日には家族4人が揃い、父親の意思確認をしながら、円満に手続きをすることができ、将来の不安を払拭でき、家族の協力体制もとれるようになりました。

豊島さんの財産

自宅土地	1億2,530万円
建物	153万円
現預金	300万円
生命保険	1,200万円（生命保険非課税枠1,200万円）
合計	1億4,183万円
基礎控除	4,800万円
課税価格	8,183万円
相続税予想額	1,132万円

信託契約を勧めた理由①……後の生活資金が不安。不動産でめどをつける

相続税がかかるかどうか、Quick診断をすると、自宅の土地が200坪あり、1億2,530万円の評価になることが判明。相続税がかかる財産だとわかりました。ですが、預金は300万円ほどで余裕はありません。相続になったら1,200万円の生命保険が下りるのですが、それまでは手元に入りません。こうした現状では現金が足りなくなるのではという不安があります。

信託契約を勧めた理由② ……後見人をつけると節税対策ができない

　父親の財産の大部分が自宅不動産です。これを活用しない手はありませんが、まだ母親が住んでいますので、空家になったときに売却することが望ましいところ。そのときに父親が認知症で意思確認がとれないと手続きが大変になります。

　高齢になると成年後見人をつけて財産を管理する方法もありますが、それでは母親の生活費や相続対策ができません。父親は86歳でまだ認知症と診断されてはいませんが、今後急に症状が進むこともありますので、意思がはっきりしているうちに後見人ではなく、信託契約をしておくことで、母親や子どもたちの不安は解消されます。

信託契約しておかないと困ること

- 生命保険1,200万円は相続にならないと入らない
- 父親の認知症が進むと不動産の処分や保険の解約ができない
- 自宅が一番大きな財産だが売らないとお金にならない
- 老後の資金が不足する

【民事信託事例】
父親の生前対策をサポートするための信託契約

父所有
自宅 ・150坪の土地の真ん中に1軒家
・築40年の木造で老朽化

生命保険

➡ 提案

- 自宅の土地で対策を考える
　➡売却・建替・活用
- 現金不足を解消する必要あり
- 認知症の対策として「民事信託」契約をする

ここがポイント

- 父親が認知症になっても長男が不動産を処分や活用、節税対策などができる
- 収益は父親のものとなり両親の生活費に充てられるため、老後破綻は避けられる
- 母親が信託契約を継承することができ、母親が認知症になっても不安はない

一口メモ 【民事信託でできること】
- 家が空家になったときに売却して不動産を現金に換える……老後資金が捻出できる
- 現金のままでは相続税がかかるため、賃貸不動産購入……相続税を節税しながら、家賃収入が入り、施設などの費用に充てられる
- 余分な現金は子どもや孫に贈与する……相続税を節税しながら財産の前渡しができる

6章-4 民事信託

長期的な対策には信託契約で対応できる賃貸事業運営者

相続も賃貸事業も民事信託で万全に

相続人関係図

長女（50代）・母親（80代）・
長男・藤田さん（50代・資産管理会社代表）

信託契約者　母親
受託者　長男

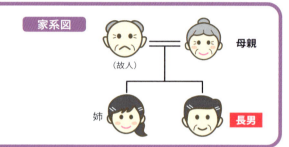

家系図

家族と相続の状況

長男家族が同居で、跡取り

　藤田さんの父親は農家の長男で、家督相続の時代に代々の土地を1人で相続しました。その父親は15年前に亡くなり、母親と藤田さんが土地を引き継ぎ、守ってきました。姉は資産家に嫁いでいますので、財産はいらないと藤田さんに譲ってくれました。

　配偶者の特例もあり、相続税は4億円を超え、藤田さんが相続した土地を売却して納税したのでした。それでもまだ、多くの土地があり、相続は悩みの種です。藤田さんは父親が亡くなってから会社員をやめて、自分や母親が所有する不動産の管理をするための法人の代表として、資産管理をしています。母親が80代となり、いよいよ相続対策が必要だとセミナーに参加して相談に来られました。

父親の財産

自宅、駐車場、アパート、空き地	5億6,500万円
預金	2億3,000万円
有価証券	500万円
合計	8億円
基礎控除	4,200万円
課税価格	7億5,800万円
相続税予想額	2億9,500万円

信託契約を勧めた理由① ……財産が多く計画的な相続対策が必要

　母親の財産には多くの不動産があり、大型店の駐車場に貸している土地2カ所、アパートなどがあり、不動産だけで5億円以上の財産になります。預金も2億円以上あり、相続税のQuick診断をすると、納税額は3億円近いことが判明しました。
　「相続プラン」で計画的な相続対策の提案をしましたが、財産が多いだけに実現するには長期計画が必要です。

信託契約を勧めた理由②……トラブルを避け、賃貸事業の運営者を明確にする

アパートも老朽化が進み、建替も検討しなければなりません。その間、母親が認知になってしまうと対策が進まないため、今後、子どもが意思決定していけるようにしたいところ。藤田さんと姉の中は良好で、現在はなんら問題がないという説明でしたが、将来の相続では争いがないとは断言できません。争いに発展すると小規模宅地等の特例が使えませんので、多くの相続税を払って、兄弟姉妹が絶縁になるようなこともあり得ることです。そうした遺産分割のトラブルを避けるためにも、賃貸事業の運営者を決めておくことが望ましいと判断しました。

信託契約しておかないと困ること

- 母親の認知症が進むと不動産対策の購入などができない
- アパートの建替の時期に認知症だと借入もできない
- このままでは相続税の納税資金が不足している

信託の仕組み（例）

- 財産の名義は、**受託者**（長男）に変わります
- 不動産所得は、**受益者**（母親）が申告・納税します

認知症のお悩みの解決策

自益信託では譲渡所得税は課されません

- 認知症対策は、お母様に代わって長男様がお母様の財産管理・処分することができます。資産規模が大きく、効果的な節税が必要な場合、**資産管理会社の設立**を行います。コストを低く抑えたい場合、**民事信託**を行います
- 自益信託であれば、譲渡所得税や贈与税は課されません

ここがポイント

- 母親が認知症になっても計画的に節税対策に取り組める体制が必要
- 相続対策は、複数の対策を計画的に組み合わせる
- 長期の賃貸事業には状況の変化に対応できる体制が必要

一口メモ　【民事信託でできること】
- 大規模修繕や建替の時期を逃さず取り組める……賃貸事業を停滞させない
- 節税対策を継続できる……相続税を節税しながら、収益も確保できる
- 子どもや孫に贈与できる……信託財産や不動産、現金を前渡しができる

6章-5 購入

空家は売却。現金で持つより賃貸不動産に

相続税1,721万円節税

ご家族の状況

依頼者
森さん（女性・80代）

家族関係
長女、二女

家系図
被相続人
相続人
夫（故人） — 森さん ← 独身の姉の財産を相続 — 森さんの姉（故人）
長女、二女

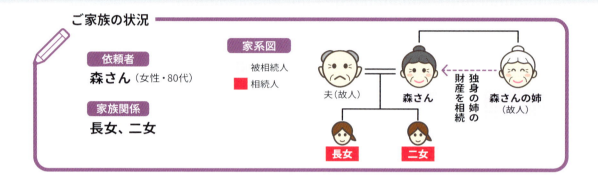

課題：現預金は評価減できず、相続税を3,000万円以上払った

森さんの姉は、夫に先立たれて一人暮らしをしていました。きょうだいは姉と森さんの2人で、子どもにも恵まれなかったことから、相続人は妹である森さん1人となります。その姉が病気で亡くなり、相続手続きが必要になったため、相談に来られました。

姉は亡夫から自宅のほかに1億円以上の現預金や有価証券を相続しており、そのまま残していました。亡くなるまでそんなに金融資産があることは聞いていなかったため、驚きました。姉は節税対策などなにもしていませんでしたので、相続税の申告が必要になり、3,000万円以上の相続税を払うしかありませんでした。

姉が残してくれた現金から納税はできたのですが、今後は森さん自身の相続のことを考えないといけない立場です。夫はすでに他界していますので、森さんが亡くなった場合は、2人の子どもが困らないように、いまからできることをしておきたいということです。

財産の状況

土地	2,492万円
建物	98万円
現金・預金	7,515万円
証券	4,882万円
借入金	△180万円
合計	1億4,807万円
基礎控除	4,200万円
課税価格	1億607万円
相続税予想額	1,782万円

対策① 空家になったマンションは売却する

相続した姉の自宅は築年数の古いマンションで、森さんも2人の子どもも住むことはありません。賃貸するにもリフォーム代がかかります。そこで、築年数や間取りなどを考慮すると持ち続けるよりは売却したほうがいいと提案しました。持ち続けた場合、今後は修繕費用などの出費が増えてくると想定されることも考慮した結果です。

こうした説明によって森さんはすぐに売却を決断され、姉の荷物を整理した後、現況のままで、売却するようにしました。築年数は経っていても最寄駅から近く、環境のいい立地でしたので、ほどなく売却することができたのです。中古マンションの場合は、購入した人がリフォームするほうが現実的だと言えます。

対策② 財産の82％が金融資産。現金で持つよりも賃貸不動産を購入する

マンションの売却では譲渡税がかかりましたが、それでも手元に1,000万円ほどの現金が残りました。有価証券を合わせると金融資産は1億円以上となったのです。森さん自身の生活は夫の遺族年金と自分の年金で十分足りており、1億円もの金融資産を使う予定もありません。このままでは2人の子どもが負担する相続税は1,782万円と試算とされました。

姉の相続税を3,000万円以上も払ったばかりです。自分のときにも相続税の負担があるとわかると残念な気持ちだと言われましたので、いまからできる節税対策を提案しました。現金で区分マンションを購入して賃貸しておく対策です。現金が賃貸不動産に変わることで30％程度の評価に下がるので、確実な節税になります。提案したとおりに、森さんは2人の子どもが分けやすいように区分マンションを4部屋購入されました。

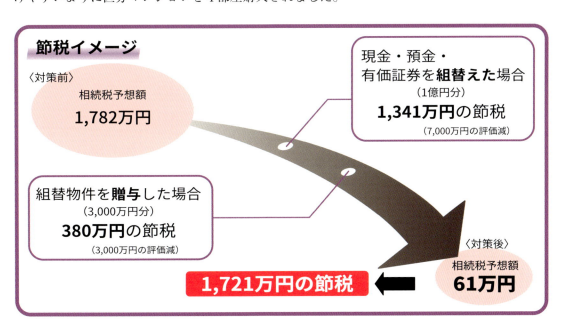

現金を賃貸不動産に替えてから贈与したほうが得！

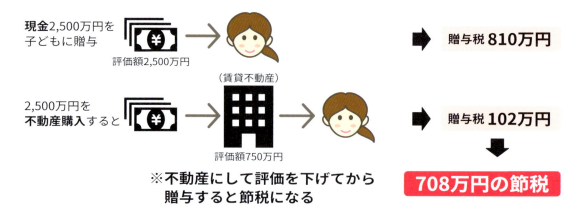

対策③ 賃貸不動産を子どもに贈与。節税しながら財産の前渡し

不動産を購入するだけで大きく節税になりましたが、森さんが所有したままでは賃料収入となり、年数を重ねるとまた現金が増えてしまいます。現金増を避けるため、購入した区分マンションを2人の子どもに贈与することを提案しました。賃貸不動産の評価は時価の30％程度に下がっているため、税金の負担を抑えながら、子どもたちに贈与することができます。贈与することで相続税は節税でき、家賃収入は子どもが受け取ることができるため、ともにメリットとなります。

贈与は計画的にしていく

対策効果の検証
現金1億円で2,500万円の区分マンション4室購入・贈与

【対策前】 財産評価 1億4,807万円 → 相続税 1,782万円
【対策後】 財産評価 4,807万円 → 相続税 61万円

相続税
【対策前】 1,782万円
【対策後】 61万円　　節税

【節税額】 1,721万円

【対策前の収益】 定期預金 1億円＝年間1万円　　年利 0.01％
【対策後の収益】 賃貸不動産購入 月額10万円×4室×12カ月＝年間480万円　　表面利回り 4.8％

収益
【対策前】 1万円
【対策後】 480万円

【収益】 480倍

ここがポイント

・空家となった家でも固定資産税や修繕費がかかり負担になる
・金融資産で収益物件を購入することで評価が下がり、相続税が減らせる
・家賃収入が入る収益物件を贈与することも節税になる

6章-6

【購入】

財産それぞれにできる対策を検討する

保険・贈与・売却・購入　相続税2億8,434万円節税

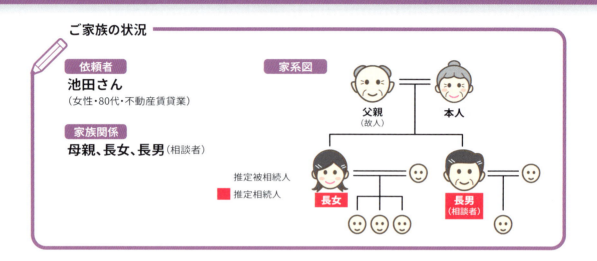

ご家族の状況

依頼者
池田さん（女性・80代・不動産賃貸業）

家族関係
母親、長女、長男（相談者）

家系図：父親（故人）、本人／長女、長男（相談者）

■ 推定被相続人
■ 推定相続人

課題　不動産だけでなく家賃収入も入る

池田さんの母親は農家の長男のもとに嫁ぎ、祖父母と同居しながら代々の土地を守ってきました。農地は区画整理されて宅地となり、農家から土地持ちの資産家へと変わらざるを得なかった時代でした。数年前に父親が亡くなったときに、母親は相続税の負担がない割合で財産の半分を相続、残る半分は池田さんと姉が相続しました。母親の納税はありませんが、池田さんと姉には2億円ほどの相続税がかがり、土地の一部を売却して納税しました。

その後、相続税が改正されて税率も上がったことや母親は80歳をすぎましたので、いつ相続になってもいいように準備しておきたいと相談に来られました。母親の財産を確認すると不動産だけでなく、節税対策で建てたアパートや駐車場があり、賃貸事業の管理会社もつくっています。家賃が毎月入るため、現金も2億円以上もあることがわかりました。

このままでは相続税がそれ以上にかかるため、相続になればいままで貯めてきた2億円の預金も納税のためになくなってしまいます。姉は資産家に嫁いでいるので不動産はいらないと言っていますので、ある程度の現金を渡したいと考えています。

財産状況

土地	11億6,562万円
建物	2,248万円
現金	2億3,750万円
株式	157万円
預り金	△524万円
合計	14億2,193万円
基礎控除	4,200万円
課税価格	13億7,993万円

↓

相続税予想額
6億1,496万円

対策① 必要資金を想定して、対策の順序を整理する

　財産の8割が不動産ですので、小規模宅地等の特例や土地の評価減など、必須となる節税効果を検証するだけでも、節税ポイントは整理でき、4億円台の納税に収まると想定できました。しかし、このままでは、姉が相続する現金まで合わせて考えると少なくても6億円以上の現金が必要になると想定され、所有する不動産の半分を手放さないと足りなくなります。相続になってからでは余裕がなくなるため、計画的に売却しておくほうが無難といえますので、優先順位を立てて取り組むことを提案しました。

現状で相続発生時の納税資金の捻出についての考察

相続発生時に必要な現金	
特例適用後 予想相続税額 （A駐車場のみ広大地適用）	4億8,538万円
長女への代償金	1億5,000万円
計	6億3,538万円

現状のまま何もしないと……

納税・分割のためだけに主要な不動産を売却

しなければならず節税対策・今後の収益アップができません

対策② すぐにできる節税対策に取り組む

相続税の予想額が大きいため、いくつかの対策を組み合わせることを提案し、そのなかでもすぐに取り組める対策を進めました。生命保険は非課税枠分を一時払いし、現金贈与も実行しました。不動産対策として、使う予定のない更地を売却し、売却代金で1棟マンションを購入しました。また、相続になったときに土地の評価で減額できるように、2つの駐車場について、小規模宅地等の特例が使える要件を備えるようにも整備しました。これで相続税は2億円以上下げられるめどとなりました。

対策した場合の相続税の試算

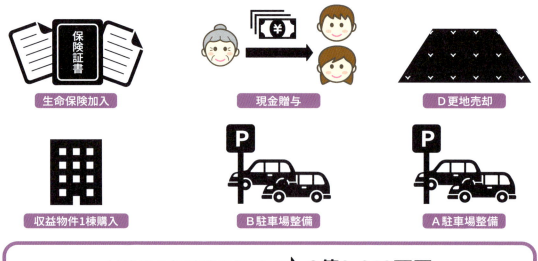

対策後の相続税予想額 ➡ 3億9,643万円

対策③ 現金で収益物件を購入する

次の課題は預金の2.3億円です。池田さんの母親の預金は夫から相続したもので、その上に毎月家賃収入が入りますで、これからも減ることはありません。母親の年代では大きな消費もしないため、このままでは相続税が増えるばかりです。

そこで、この機会に節税対策として思い切った活用をすることを提案しました。自宅のあるエリアではなく、これからも資産価値の下がりにくい人気の高いエリアに所有されることをお勧めしました。人気の高いエリアで、最寄駅から徒歩3分の場所に学習塾に貸していて高収益の物件でした。将来、池田さんが相続してもいいと思えるものでしたので、母親に説明をして購入を決断されました。テナントが入ったまま、預金を解約した現金で購入しましたので、返済の不安がなく、安定した家賃収入が入り、節税効果が生まれました。

収益物件の購入検証

2億3,000万円で物件を購入した場合

相続税予想額 ➡ 約3億3,066万円

約6,577万円の節税

年間収入 ➡ 約1,400万円 UP!

対策効果の検証　現金2.3億円で賃貸不動産を購入

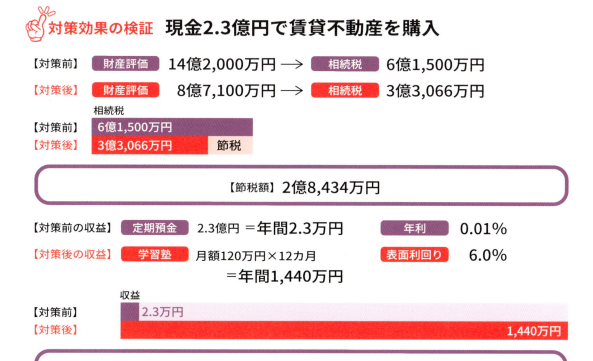

【対策前】財産評価 14億2,000万円 → 相続税 6億1,500万円
【対策後】財産評価 8億7,100万円 → 相続税 3億3,066万円

相続税
【対策前】6億1,500万円
【対策後】3億3,066万円　節税

【節税額】2億8,434万円

【対策前の収益】定期預金 2.3億円＝年間2.3万円　年利 0.01％
【対策後の収益】学習塾 月額120万円×12カ月＝年間1,440万円　表面利回り 6.0％

収益
【対策前】2.3万円
【対策後】1,440万円

【収益】626倍

ここがポイント

・土地評価や特例の検証を最初にし、すぐできる対策は早急に実行する
・賃貸中の収益物件はそのまま購入するのが定番
・リスク分散として居住地以外の将来性のある立地で購入する

6章-7 資産組替

畑を売却して事業ビル2棟を購入、資産価値をアップ

固定資産持ち出しから収益3,220万円
相続税2億4,400万円節税

ご家族の状況

依頼者
山下さん（男性・80代・不動産賃貸業）

家族関係
父親（本人）、母親、長女（相談者）、二女、三女

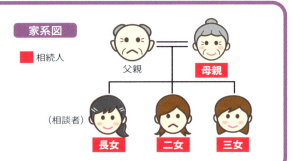

家系図　■相続人
父親　母親
長女（相談者）　二女　三女

現状 — 節税対策に8億円借りることを勧められていた

　山下さんは農家の長男として先代から多くの土地を相続して維持してきました。先代までは農家として自宅周辺にある畑を耕作していましたが、区画整理が始まり、所有する農地はすべてが宅地となり、土地だけで30億円以上の評価に跳ね上がりました。

　相続税の節税のために勧められて賃貸マンションを建てており、借入も残っています。広い土地が多く、土地のほとんどは更地です。そうしたことから、相続税が改正になってからは、節税対策を頻繁に勧められるようになりました。建築費8億円を融資するので、賃貸住宅を建てるように提案されて、契約するしかないかと、決断しきれずにいました。

　このまま相続になると維持してきた土地を売っても足りないかもしれないと、不安になって本を読み、セミナーに参加して相談に来られたのです。「相続プラン」の委託をもらい、不動産の現地確認をして、課題を整理すると、相続税の予想額は8億円となり、計画的な節税対策が必要です。現在の賃貸収入は5,000万円ありますが、資産規模からみると利回りは2.6％で、賃貸事業の改善も必要とわかりました。

財産の状況

土地	19億8,928万円
建物	1億957万円
現金・預金	7,000万円
生命保険	9,300万円（生命保険非課税枠2,000万円）
借入金	△3億円
合計	19億4,185万円
基礎控除	5,400万円
課税価格	18億8,785万円

↓

相続税予想額（配偶者あり）
7億9,310万円

対策① 活用しきれていない畑を売却する

　山下さんの土地があるエリアは、主要都市の近郊にありますが、これからのことを考えると、人口増や値上がりが期待できる立地とは言えません。その現状を踏まえて活用を考えると、融資を受けて賃貸マンションを建てていくのはリスクがあります。駐車場などにしておくのも得策ではありません。また、山下さんが所有する土地の面積から考えると同じ立地にまとめて所有していること自体がリスクになります。

　よってそうしたエリアのリスクを回避するために、所有地を売却し、比較的価値が下がりにくいエリアを探して買替えることを提案しました。資産を移して不動産活用をすることで不安は軽減できます。売却の候補地は活用しきれていない1,000坪ほどの畑で、土地活用を勧められていたところです。最寄駅より徒歩10分程度の郊外の住宅地ですので、戸建て用地として分譲会社から購入希望があり、4億円以上で売却がまとまりました。

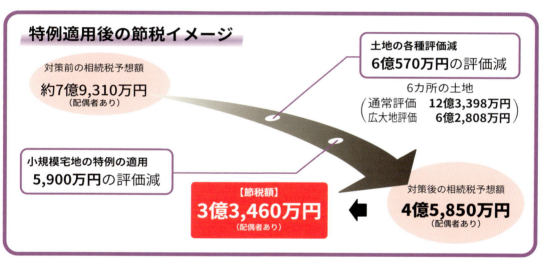

特例適用後の節税イメージ

- 対策前の相続税予想額　約7億9,310万円（配偶者あり）
- 土地の各種評価減　6億570万円の評価減
  - 6カ所の土地
  - 通常評価　12億3,398万円
  - 広大地評価　6億2,808万円
- 小規模宅地の特例の適用　5,900万円の評価減
- 【節税額】3億3,460万円（配偶者あり）
- 対策後の相続税予想額　4億5,850万円（配偶者あり）

手残りシミュレーション

売却想定価格：4億2,500万円

① 売却代金　4億2,500万円
② 概算諸経費　1,439万4,800円
  - 仲介手数料：1,383万4,800円
  - 印紙代：6万円
  - 測量代：約50万円
③ 概算取得費　425,000,000円 × 5％ ＝ 21,250,000円
課税価格　① 425,000,000円 －（② 14,394,800円 ＋ ③ 21,250,000円）
　　　　　＝ 389,355,200円
④ 譲渡税（所得税・住民税等）　389,355,200円 × 20.315％ ＝ 79,097,508円
（課税価格）

①－②－④　　手残り金額 概算　3億3,150万円

対策② 土地評価の高い立地を購入して小規模宅地特例効果を高める

　畑の売却代金は譲渡税を引くと手元に3億3,000万円残ります。それを原資として資産価値の高い立地を購入する方針とし、ひとつはブランド力のあるエリアで最寄駅から徒歩2分で8%で稼働しているテナントビルと、もうひとつは大都市の中心エリアにある土地を購入し、事業ビルを建てて運営する2つに分けて所有していくご提案をしました。

　ともに誰でも知っている地名でまだまだ賃貸需要が期待できるエリアで、将来的な資産価値の下落リスクも低い立地だと判断をしたところです。資金が足りないところは金融機関からの借入としました。

　この資産組替により、土地の面積は約10分の1になりましたが、土地路線価は5.9倍となったことで、貸付事業の小規模宅地等の特例も1.8倍になり、減額効果が高まりました。

資産組替による節税と収益アップ

小規模宅地等の特例効果の検証

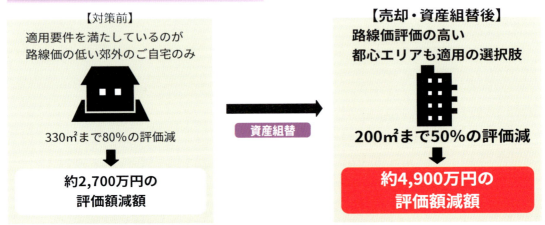

路線価の高いエリアの収益不動産に組み替えることにより、小規模宅地等の特例の減額効果が高くなりました。

事業ビル2つに組替えした場合の評価額と収入の確認

売却手残り額：3億3,000万円 → 2億8,000万円のビル
借入金額：6億円　　　　　　　 6億円のビル

節税効果

【相続税評価額】

現金（9億3,000万円） → 収益物件（2億8,500万円）
6億4,500万円 評価減

配偶者ありの相続税予想額 2億4,400万円

2億4,400万円の節税！

収益

【賃料収入】

売却資金 1,380万円/年＋約1,824万円/年 → 収益物件 3,204万円

収益3,204万円/年　利回り5.0%想定

対策効果の検証　畑を売って2カ所購入

【対策前】財産評価 19億4,185億円 → 相続税 7億9,310万円
【対策後】財産評価 8億436万円（広大地・小規模適用後） → 相続税 2億4,400万円

相続税
【対策前】7億9,310万円
【対策後】2億4,400万円　　節税

【節税額】**5億4,910万円**

【対策前の収益】畑　0円　固定資産税持ち出し
【対策後の収益】事業ビル① 月額115万円×12カ月＝年間1,380万円　表面利回り 5.0%
　　　　　　　事業ビル② 月額152万円×12カ月＝年間1,824万円　表面利回り 12%

収益
【対策前】0円
【対策後】3,204万円

【収益】**3204万円**

ここがポイント

・資産組替は賃貸需要が見込めるエリアを探す
・リスク分散として居住地以外の将来性のある立地で購入する
・土地評価が高い立地は特例効果が高まるので有利

6章-8 資産組替

古いアパートを売って区分マンションを購入

収益は倍になり資産価値も増
相続税1,289万円節税

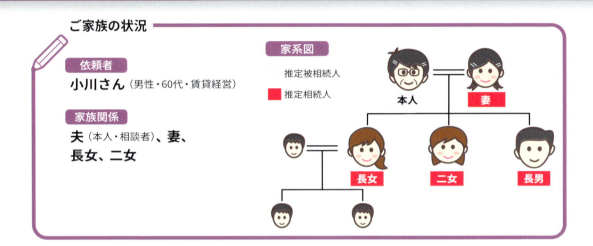

ご家族の状況

依頼者
小川さん（男性・60代・賃貸経営）

家族関係
夫（本人・相談者）、妻、長女、二女

家系図
推定被相続人
■ 推定相続人

本人 ― 妻
長女、二女、長男

課題

アパートが古くなった、空家もある 妻子が困らないようにしておきたい

　小川さんは農家だった父親から土地を相続してきましたが、農地の多くは区画整理地内に入ってしまい、宅地開発されましたので、街並みもすっかり様変わりしました。区画整理のため、土地の面積は半分近くに減ってしまいましたが、価値は何倍も上がりましたので、相続税が気になり始めました。

　それだけではなく、所有するアパートが古くなってきたこと、空家もあること、権利関係の複雑な土地があることなどから、自分が亡くなったときには妻子に負担をかけたくないという思いがあり、いまのうちになんとかしておきたいと、ご夫婦で相談に来られました。財産を評価すると2億7,000万円ほどで相続税も4,000万円以上になると試算できました。

財産の状況

土地	1億8,703万円
建物	2,157万円
現金・預金	2,300万円
有価証券	4,400万円
借入金	△570万円
合計	2億6,990万円
基礎控除	5,400万円
課税価格	2億1,590万円
相続税予想額	4,177万円

対策① 古くなったアパート、空家は売却する

　小川さんの所有する不動産は父親から相続したもので、アパートも空家もともに築40年以上経っており、これから維持するには修繕費などがかかります。建てなおすことも検討しましたが、小川さんの不動産のあるエリアは将来の人口減が想定され、賃貸需要には不安があります。よって賃貸需要の落ち込みが少ないと想定される人気エリアに移すための資産組替を提案しました。

　小川さんはすぐに売却を決断をされて、アパートは入居中のままの収益物件として売却し、空家は解体して、更地で売却することができました。

資産組替① アパートの売却

換金化の作業
・売却地の選定
・売却活動の実施
・売買契約及び引渡

換金化のメリット
・都心の優良資産へリスクヘッジ
・ポートフォリオを分散しリスクヘッジ
・納税資金の確保
・分割を行いやすい

地積 302.63㎡

売買価格 6,450万円

収入金額 －（取得費 ＋ 譲渡費用）－ 特別控除額 ＝ 課税譲渡所得金額

税額 課税長期譲渡所得金額 × 20.315%（内住民税5%）➡ 1,175万円

（注）平成25年から平成49年までは、復興特別所得税として各年分の基準所得税額の2.1%を所得税と併せて申告・納付することになります。

6,450万円 －（ 322万円 ＋ 343万円 ）＝ 5,785万円
【売買価格】　　　【概算取得費】　【譲渡費用】　　　【譲渡所得】

譲渡費用の内訳
・仲介手数料……215万円
・印紙税…………3万円　　➡　合計 343万円
・立退料…………125万円

手残り予想金額 ➡ 4,932万円

対策② 人気エリアに区分マンションを購入する

　アパートと空家の売却代金と現預金を足して、購入原資を1億円として、区分マンションの購入を提案しました。相続税の節税対策であれば、高額なタワーマンションではなく、賃貸しやすいワンルームや1LDK程度のコンパクトなものが適切で、将来の相続で分けやすいことも踏まえて、相続人の数だけ購入することをお勧めしています。

　小川さんの場合は長女、二女、長男の3人の子どもに分けられるよう3つの区分マンションにすることを提案、人気のエリアで複数の物件を購入されました。比較的流動性が高いため、相続が発生した場合でも子どもに負担がかかりません。また、資産性が保たれたうえに相続税評価が圧縮できるので相続税の減税につながります。

資産組替② 売却手取りと自己資金5,100万円で不動産を購入

5,100万円（※1）の収益物件（区分マンション1,700万円・3戸）を購入した場合、**1,530万円**の評価（※2）となります。

（※1）売却手取り額と自己資金を足し5,100万円にて購入予定。
（※2）30％評価で試算。

評価減額 3,570万円 ➡ **972万円節税**

節税効果

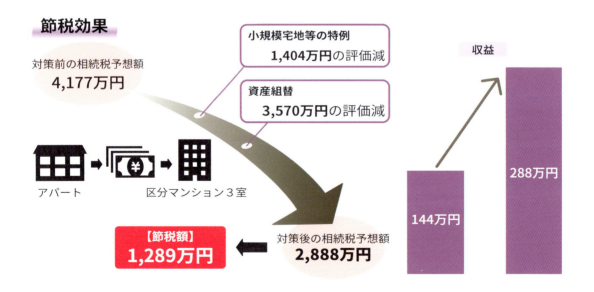

対策効果の検証　古くなったアパートを売って区分マンション3室購入

【対策前】　財産評価　2億6,990万円　→　相続税　4,177万円
【対策後】　財産評価　2億2,016万円　→　相続税　2,888万円

相続税
【対策前】　4,177万円
【対策後】　2,888万円　　　　　　　　　節税

【節税額】　1,289万円

【対策前の収益】　アパート6室　月額4万円×3室×12カ月
　　　　　　　　　　　　　　　　＝年間144万円

【対策後の収益】　区分マンション4室　月額8万円×3室×12カ月　　　表面利回り　5.6%
　　　　　　　　　　　　　　　　　　　＝年間288万円

収益
【対策前】　144万円
【対策後】　　　　　　　　　　　　　　　　　　　　288万円

【収益】　144万円増

ここがポイント

・不動産は固めて同じエリアで所有するよりも賃貸事情のいいエリアに分けたほうが得策
・古いアパートでも利回りで判断されるため入居者が入ったまま売却するほうがよい
・空家の建物は解体して、更地で売却するほうが売りやすい

6章-9 土地活用
古いアパートを残すより生前に建替えておく

節税できて収益もアップ
相続税2,150万円節税

相続人関係図

依頼者
村上さん（男性・80代・賃貸経営）

家族関係
夫（本人）、妻、長女、長男

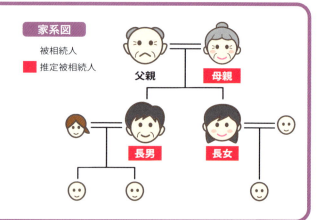

家系図
被相続人
推定被相続人

父親　母親
長男　長女

課題
築50年、老朽化の進んだ木造アパートをどうする

村上さんは、夫婦２人暮しです。２人の子どもはそれぞれ結婚し、村上さん夫婦とは別のところに家を持って生活しています。村上さんの自宅の敷地が広かったので、アパートを建てることを勧めらました。まだ30代で会社員のときでしたので、やりくりが大変でしたが、思い切って建ててみたところ、駅にも近い立地が幸いし、ほとんど空きがなく順調な賃貸経営ができていました。しかし、築年数が50年近くになると老朽化が進み、設備も古くなって、空室が増えてきました。相当な費用をかけないと入居者が決まらないと言われており、そろそろ建て直したほうがいいのか、迷って相談に来られました。

土地はちょうど100坪あり、２人の子どもに半分ずつ相続させるつもりで、みなの合意はできています。よって、自宅は長男が、アパートは長女が相続するということになります。

財産の状況

土地	1億1,422万円
建物	311万円
現金・預金	6,035万円
有価証券	30万円
合計	1億7,798万円
基礎控除	4,800万円
課税価格	1億2,998万円
相続税予想額	2,150万円

対策① 節税効果を検証する。いまのうちに建て直す

相談に来られたときは、駅から徒歩5分かからない立地であっても、アパートは半分が空室になっていて、募集をしても思うように借り手が見つからない状況でした。木造ですので耐用年数は過ぎているものの、外装・内装を修繕しながら維持することもできないわけではありませんが、耐震性にも不安を抱えたままでは借り手も減っていき、相続した娘が苦労することは明白です。

しかし、村上さんが元気なうちに建替えをしてしまえば、相続税が節税でき、もう相続税はかからない範囲になると判断できました。現状では家を持つ長男が自宅を相続しても特例が使えず、アパートの空室があればその特例も使えません。

借入による賃貸マンション建築が節税となるイメージ

対策② 収支のバランスの取れる事業計画を立ててスタート

　建替えるアパートはワンルーム9戸としてプランをつくり、収支のバランスが取れるような事業計画にする提案をしました。事業費1億900万円は銀行融資を受けますが、月額の家賃収入92万円に対して返済は35万円で、管理費5％を引いても半分以上はいったん手元に残るような計画です。

　これで安心された村上さんは建替を決断し、入居者に建替の通知をして転居してもらうようにしました。スケジュールどおり、翌年の2月末に建物が完成すると、好立地で間取りプランもいいとすぐに満室になり、幸先のよいスタートになりました。

　村上さんは以前より家族で話し合いをしながら進めてこられ、長男には隣接する自宅を渡し、このアパートは長女にとして、みなの合意も得られています。建築費の借入れに関しては将来相続する長女が連帯保証人になり、手続きを進めましたので、将来の遺産分割も問題はありません。それでも手続きが円滑になるようにと、村上さんは公正証書遺言を作成して子どもたちに知らせてあります。

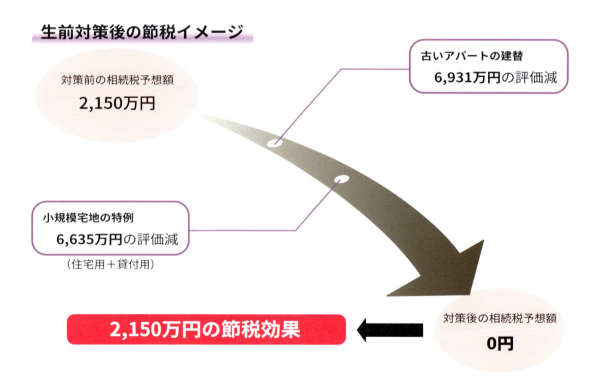

生前対策後の節税イメージ

対策前の相続税予想額　2,150万円

古いアパートの建替　6,931万円の評価減

小規模宅地の特例　6,635万円の評価減
（住宅用＋貸付用）

対策後の相続税予想額　0円

2,150万円の節税効果

収益

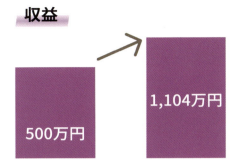

収益 500万円 ➡ 賃料収入 **1,104万円**

604万円増

対策効果の検証　融資を受けて古いアパートを建てなおした

【対策前】 相続評価 1億7,798万円　→　相続税 2,150万円
【対策後】 相続評価 4,232万円　→　相続税 0円

【対策前】 相続税 2,150万円
【対策後】 0円　　　　　　　　　　　　　節税

【節税額】 2,150万円

【対策前の収益】 アパート6室　年間500万円
【対策後の収益】 事業費　1億900万円（1K・9室）　表面利回り 10%
　　　　　　　　賃料（収益）（月額10万円×9戸＋駐車場代2万円）×12カ月
　　　　　　　　　　　　　　＝年間1,104万円（利回り10%）

【対策前】 収益 500万円
【対策後】 1,104万円

【収益】 604万円増

ここがポイント

・築年数の古いアパートは建替して節税効果をつくる
・立地がよくても建物が古いと競争力は落ちる
・借入返済は家賃収入の半分程度ですむような収支バランスを取る

6章-10 土地活用

駐車場は賃貸マンションを建てて収益を増やす

収益は6倍になり、法人設立して分散
相続税2億4,658万円節税

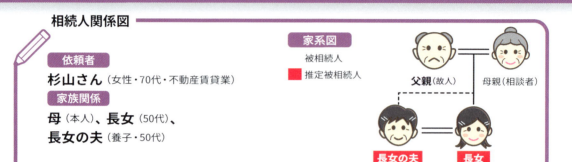

相続人関係図

依頼者
杉山さん（女性・70代・不動産賃貸業）

家族関係
母（本人）、長女（50代）、
長女の夫（養子・50代）

家系図
被相続人
推定被相続人
父親（故人）　母親（相談者）
長女の夫　長女

課題 2次相続時に1次相続以上に相続税がかかる

夫が亡くなったとき、杉山さんは、夫の財産の半分を相続しました。配偶者の特例によって杉山さんの相続税の納税は不要ですが、娘夫婦は1億円もの相続税を納付しなければならず、利用していない土地を売却して払ったのでした。

このまま節税対策をしなければ夫のとき以上の相続税がかかると説明されていましたので、相続手続きが終わると、今度は自分の相続税の節税対策に取り組むことにしました。夫の相続税は離れたところの土地を売却して足りましたが、次の納税となると自宅周辺の土地しかないため、減らしたくないという気持ちでした。

財産の状況

土地	8億1,200万円
建物	600万円
現金・預金	500万円
合計	8億2,300万円
基礎控除	4,200万円
課税価格	7億8,100万円
相続税予想額	3億650万円

対策① 自宅と地続きの駐車場に賃貸住宅を建設する

1次相続のときから、杉山さんの2次相続の節税対策を提案しており、対策ができるように、自宅と隣接する砂利敷きの駐車場を相続し、活用する案を出していました。杉山さんが相続した駐車場は50台ほど止められますが、半分程度しか借り手がなく、料金を数カ月以上滞納している人や廃車を置いていく人などがいて、煩わしさばかりで負担になっていたのです。

駐車場経営の煩わしさを解消するため、また敷地全体の価値を高めるために、重厚感があり、差別化できる賃貸住宅を建設することを提案しました。

142

対策② 収益を増やしキャッシュの余裕をつくる

　賃貸経営を永続するために、近隣調査をしたところ、ワンルームが多いことがわかり、ターゲットをワンルームとファミリータイプの中間層とし間取りを１LDKで計画、コンセプトは落ち着いた良質な賃貸住宅をイメージしました。事業計画時から入居者の応募も開始し、引き渡し時には、ほぼ満室でスムーズな賃貸経営を開始することができました。

　杉山さんが相続した財産には現金が多くはないため、建築費などの事業資金は、全額銀行融資を受けて、自己資金は不要としました。相続税の節税対策になるだけでなく、土地活用によっていままではできなかったキャッシュの余裕が生まれるように設計しました。

　相続税の節税対策と言えども、収支のバランスが取れて、手元にお金が残るようにするのが大前提です。この賃貸事業でいままでの駐車場収入の６倍になるような収支計画としましたので、相続税の節税をしながら、収益も増やすことができたのです。

【物件概要】
賃貸マンション１LDK×27世帯

- **総事業費** 3億8,000万円
- **収益** (1カ月) 家賃300万円 － 返済150万円 ＝ 手取り150万円 (50%)

資産価値を高め賃貸収入は６倍に

土地有効の節税対策

- 全戸南向き
- ６タイプから選べる間取り
- ３種類のカラーバリエーション
- １LDK・27室

生前対策後の節税効果

対策③ 所得税節税のために賃貸管理法人を設立する

　この賃貸事業により相続税の節税はできたのですが、次に考えないといけないことは杉山さんの収入が増えてしまい、所得税の負担が増えてしまうことです。現金が残っていくとせっかくの節税効果が半減してしまうことにもなります。

　そこで杉山さんの所得を増やさないために、賃貸管理の法人を設立し、長女や孫が役員となって運営することを提案しました。法人が杉山さんのマンションを一括借上げすることで、所得を抑えることができ、娘や孫が役員となって法人を運営することで報酬を支払うことができます。法人にすると経費の枠も広がり、役員退職金の準備金として生命保険に加入することもでき、その費用も経費として計上できます。

会社を設立した場合の節税効果

・法人が賃貸住宅を借上げることで所有者の所得を抑える　➡　**所得税の節税になる（家賃収入の15～20％）**
・配偶者や子どもを法人の役員にして報酬を支払う　➡　**相続税の納税資金対策にもなる**

対策効果の検証　効率の悪い駐車場に賃貸マンションを建てた

【対策前】**財産評価** 8億2,300万円 → **相続税** 3億650万円

【対策後】**相続評価** 2億9,602万円 → **相続税** 6,760万円

相続税

【対策前】3億650万円

【対策後】6,760万円　節税

【節税額】**2億3,890万円**

【対策前の収益】**駐車場** 年間600万円

【対策後の収益】**事業費** 3億8,000万円（1LDK・27室）　**表面利回り** 9.4%

賃料 月額300万円×12カ月
＝年間3,600万円（利回り9.4%）

収益

【対策前】600万円

【対策後】3,600万円　6倍

【収益】**6倍**

ここがポイント

・1次相続のときに2次相続の節税対策も視野に入れた遺産分割をする
・賃貸物件はコンセプトや間取り等で付加価値を付けることで差別化を図る
・法人を設立して家族に収入を分散、所得税対策をする

相続の不安や悩みは早めに解決。「相続プラン」を作りましょう！

相続の課題や悩みは、おひとりずつ違う。サポートできた方からのコメント

　北海道から沖縄に至るまで、いままでご相談に対応してきた方の数は、1万4400人を超えます。ご家族の状況や財産の内容により、課題や悩みはさまざま。生前対策の場合もあれば、相続になってしまってからのときもあります。その方々に合わせてオーダーメードでご提案、サポートしてまいりました。

　お客さまからはいろいろなメッセージをいただきます。その一部をご紹介しましょう。

> **I 様**　40代女性【申告コーディネート⇒売却】
> 　きょうだい間でまとまらなかった父親の遺産分割をサポートしていただき、公平に皆が納得する形でまとまり、争いを回避することができました。不動産を売却して分けるところまでお手伝いいただけたことで円満に解決できました。

> **K 様**　50代男性【相続プラン⇒申告コーディネート】
> 　3年前から相続プランをお願いし、いくつかの提案や対策のアドバイスや、サポートをして頂きました。実行可能なアクションを起こすことによって、かなりの節税効果が得られて満足感があり、相続スキルも高めることができました。

> **H 様**　60代女性【公正証書遺言作成⇒相続税申告のコーディネート】
> 　母の公正証書遺言作成からお世話になり、相続が発生したときも葬儀の手配からご自宅の遺品整理、相続税申告まで全てサポートしていただき大変助かりました。次は自分たち夫婦の対策についてご相談させてもらおうと思っています。

> **I 様**　60代男性【相続プラン⇒資産組替】
> 　母親の相続では億単位の相続税がかかると想定されたことから相続プランを依頼しました。なかなか踏み切れなかったような思い切った提案を頂いて、資産組替をすることで、大幅な節税効果が得られ、ひとまず安心しました。さらには組替した賃貸物件が加わり、収支が予想以上によくなり、将来の相続や賃貸経営の不安が解消しました。

> **M様** 70代女性【兄・父親の相続手続き⇒売却】
>
> 　若くして亡くした兄の遺産分割もせずに放置し、共有者だった父親も2年前に亡くし、何から手を付けて良いのか分からず相談いたしました。丁寧にサポートしていただき手続きも無事完了し、不動産も高く売却して頂けたことでやっと心の荷が下りました。

> **F様** 70代男性【相続プラン⇒不動産売却】
>
> 　父親から相続した生まれ故郷の実家や土地が課題でした。父親の相続では言われるまま多額の相続税を支払ったのに、今後も実家に住むことはなく活用もできないできないため、提案してもらったとおりに自分の代で整理することにしました。子どもたちに苦労かけず、節税できそうで、ほっとしています。

相続の不安や悩みは早めに解決。「相続プラン」を作りましょう！

　相続は家族の争いの場になることもあり、また、相続税の負担も出てきます。なるべく早いうちに家族で「相続」の課題をオープンにして共有し、コミュニケーションを取っていただくことをおススメしています。まずは家族で、もめないことが大前提になるからです。

　さらには、よりよい相続のあり方や資産の保有や次世代への渡し方なども考えて対策をしていただくことが望ましいと言えます。

　それを円滑に進めるためには「相続プラン」が必要でしょう。「感情面」と「経済面」に配慮したオーダーメードの対策になります。相続や相続税、財産保有のために苦しむのではなく、前向きに、現実的に財産を活用してより快適な人生をお過ごしいただけるよう、前向きな提案、サポートをしていきたいと意を新たにしています。

　夢相続では代表の私だけではなく、みなさまをサポートする相続実務士が何名もいます。お客様からのメッセージはサポートさせて頂いた担当者にかけていただいたメッセージです。また、弁護士、税理士、司法書士、不動産鑑定士、土地家屋調査士の方々と業務提携をして多くの専門家と協働しなから、成果を出しています。今後も総合力でみなさまの相続を支えるチームでありたいと取り組んでいきます。

　みなさま方のよりよい人生の決断に本書がお役に立てることを祈念いたします。対策のサポート役として夢相続チームがお役に立てることがあればさらに嬉しく思います。

　　2019年4月

　　　　　　　　（株）夢相続　代表取締役　相続実務士　**曽根　恵子**

◆ 相続相談窓口 ◆

㈱夢相続

〒103-0028　東京都中央区八重洲1-8-17　新槇町ビル5階

TEL：03-5255-3388（代）　FAX：03-5255-8388

URL：http://www.yume-souzoku.co.jp

相談専用 03-5255-0077

YouTube 「夢相続公式YouTubeチャンネル」
https://www.youtube.com/channel/UCbBIVSpJyygXbCuoYh2SHpA

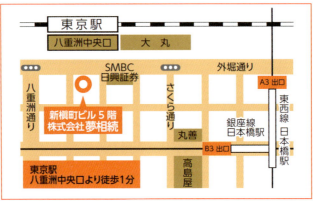

書籍ご購入特典！

オーダーメード 相続プラン

特別価格（10%OFF）にてご提供いたします。

■相続プランの内容■

1. 財産内容の確認（不動産現地調査）と評価
2. 課題の整理と解決策のご提案
3. 節税対策のご提案

個々の課題に応じた提案をオーダーメードで行います。

【相続プランお申込書】

（フリガナ）お名前		年齢	歳	性別	男・女
ご住所					
電話番号		携帯電話			
ファックス		職業			
メールアドレス		@			

FAX：03-5255-8388

キリトリ線

キリトリ線

【著者略歴】

曽根恵子（そね・けいこ）

株式会社夢相続 代表取締役。相続コーディネート実務士。公認不動産コンサルティングマスター相続対策専門士。

株式会社ＰＨＰ研究所勤務後、1987年に不動産コンサルティング会社を創業、相続コーディネート業務を開始。2001年に相続コーディネートを専業とする、株式会社夢相続を分社化。【相続実務士】の創始者として1万4400件の相続相談に対処。弁護士、税理士、司法書士、不動産鑑定士など相続に関わる専門家と提携し、感情面、経済面に配慮した〝オーダーメード相続〟を提案、実務をサポートしている。著書53冊、39万部出版、ＴＶ・ラジオ出演108回、新聞・雑誌取材450回、セミナー講師実績505回。近著に『結果に差がつく相続力』（総合法令出版）、『変わる相続』（サンライズパブリッシング）など多数。アプリ「家族をつなぐ介護ノート」も開発、リリースしている。

（株）夢相続スタッフ
水口日慈、山口進、石川英里、大原清丈

【監修・協力】

丸山純平（弁護士／鳥飼総合法律事務所）
グリーン司法書士法人（代表司法書士　山田愼一）

図解 90分でわかる！　はじめての相続

2019年5月1日　初版発行

発　行　**株式会社クロスメディア・パブリッシング**

発 行 者　小早川 幸一郎
〒151-0051　東京都渋谷区千駄ヶ谷4-20-3 東栄神宮外苑ビル
http://www.cm-publishing.co.jp
■本の内容に関するお問い合わせ先 ⋯⋯⋯⋯⋯⋯ TEL (03)5413-3140／FAX (03)5413-3141

発　売　**株式会社インプレス**

〒101-0051　東京都千代田区神田神保町一丁目105番地
■乱丁本・落丁本などのお問い合わせ先 ⋯⋯⋯⋯ TEL (03)6837-5016／FAX (03)6837-5023
service@impress.co.jp
（受付時間 10:00〜12:00、13:00〜17:00　土日・祝日を除く）
※古書店で購入されたものについてはお取り替えできません
■書店／販売店のご注文窓口
株式会社インプレス 受注センター ⋯⋯⋯⋯⋯⋯ TEL (048)449-8040／FAX (048)449-8041
株式会社インプレス 出版営業部⋯⋯⋯⋯⋯⋯⋯⋯⋯⋯⋯⋯ TEL (03)6837-4635

カバーデザイン　安賀裕子　　　　　　本文デザイン　安井智弘
印刷・製本　株式会社シナノ
©Keiko Sone 2019 Printed in Japan　　ISBN 978-4-295-40304-3 C2034